极简生活提案

我只想
简单地
生活

［日］由希子　著
（yukiko）

陈靖文　译

中国纺织出版社有限公司

极 简 生 活

欢迎来到我家

1

1.8 张榻榻米大小的房间内
连落脚的地方都没有！
单身时代的我曾经过于懒散

以前兼职打工的时候，我每天深夜都拖着沉重的身躯回到家里。那会儿房间四处都是散落的衣物，没有地方落脚是非常理所当然的事情。

收拾房间的工作全部都堆积在休息日里，通常需要花上一整天来做，并且如果没有鼓起"好咧！今天为了打扫卫生绝对不踏出家门一步哦！"这样的劲头，这项工作是无法进行的。而这样的精神劲儿，也是基本提不起来的。

我时常搬出"因为有别的事情要做，打扫还是留着下次吧！"之类的借口把收拾房间的工作延后，然后恶性循环下去。甚至有时衣服的标签都还没摘就被丢到一边置之不理。因此我经常会被母亲训斥："不要把衣服弄得皱巴巴的！"

现在回想起来，那个时期的我认为的"收拾房间"只不过是"物品的移动"。只是简单地把东西从左边放到右边罢了。

2

经历了祖母家的收拾
清扫工作后

使我患上"害怕添置东西的病"

　　结婚之后的一段时间，我们住到了祖父祖母建造的房子里。青砖屋顶、外沿走廊、嵌在日式房间里的格窗，这是与旧时一贯的日式房屋。从决定重建这里来打造我俩的家的那一天起，我们开始每天清理在这45年期间积累下来的"丢掉有点可惜的东西"。每一天我们都在丢弃以前因为"之后可能会用到""毕竟是别人送的东西"之类的原因被塞进壁柜的角落里，后来就从来没有被拿出来过的、积灰数十年的各种物品们……在那时还对"丢弃东西"有罪恶感的我已经开始强烈地感受到：以后在新家的生活要尽可能地少添置物品。

　　考虑到打理方便与否、耗时长短和空间是否有效利用，我们清空了花园里的所有东西。现在花园里只有草坪和木制外廊。追求简洁让我们能够拥有更自由和充足的空间。

let's
STAY
HOME

3

"只拥有必需品"成为
我人生的主题

"不想拥有东西""想要过上更加简洁的生活"这样的想法愈发强烈。每次收拾或者购物的时候，我都会先问自己"是否真的需要这件物品"。但是我认为这与连电视机和餐桌餐椅都要丢掉的"极简主义"是不一样的。这是在实现只被喜欢的物品包围的同时、维持清爽舒适的生活状态的理想，是在为归来的家人创造可以使身心放松的居家环境。

爱犬有时会浑身带泥地跑进屋里，宝贝女儿会边到处爬动边抓起手边的东西放进嘴里。正因为每天都要面对这些事情，才更有必要舍弃非必需品。为了配合一直在变化的生活方式，今后家里的布置也会随之不断改进。

Contents

目录

4　往事

14　理念
正因为马虎和懒散 才需要让
家务变得轻松 极简生活

16　我的原则

18　自言自语
我们家的白小姐

PART 1
因为马虎而用心布置的简洁住所

19

20　讲究『便于收拾』『便于
打扫』的室内装潢

22　方案1
选择不会造成压迫感的
低矮型家具

26　方案2
LDK 内实行『什么都不
放出来』的做法

30　方案3
容易弄脏的用水处更需要坚
持『简洁是最好的』

32　方案4
随心点缀一些绿色，追求简
洁的同时不会煞风景

34　方案5
玄关是『运气的入口』注意保持
干净整洁

36　方案6
在玄关的装饰架上不经意地展示
季节的流动

38　方案7
将楼梯下面的死角活用为爱犬活
动的空间

41　方案8
利用白色使日式房间成为干净清
爽的儿童房

44　自言自语
生育孩子之后有所变化的事情

PART 2

不断试错后才领悟到的必需品选择法

日常只选用『优质的物品』

方案 1　厨具

- 正因为喜欢烹饪才更要选择顺手的厨具
- 非常锋利的不锈钢菜刀
- 不会生锈的削皮刀和厨房剪刀
- 不容易漏水的单手柄锅
- 微波炉专用砂锅
- 能成为装饰的胡椒食盐研磨器
- 便于抓取和搅拌的烧烤夹
- 可装厨余垃圾的环保架子
- 吸水性能超强的厨房抹布
- 可定制切割尺寸的砧板
- 单手就可以抽取的厨房纸巾架
- 不占地的塑料袋收纳架

65　64　58　57

悄悄告诉你　在网上找到『优质物品』的搜索秘诀

方案 2　衣物

- 与混乱的上班时期相反，只准备春夏 10 套 + 秋冬 10 套的『先遣队』
- 衬衣和裤子
- 针织衫和裙子

方案 3　生活杂货

- 选择设计不容易让人厌倦的装饰

方案 4　高效家电

- 想要享受高效的打扫，推荐高科技电器

68　66

方案 5　房屋结构

- 不耗电！『冬暖夏凉』的高密封 + 高隔热房子

自言自语　我的原则：在丈夫回家前搞定所有家务

PART 3

因为东西少而实现的轻松收纳

69

家里越简洁 家务越轻松

70

方案 1 72
虽然都藏起来了，『打开柜门会发现别有洞天』

方案 2 74
一目了然的『一列收纳』是关键！

方案 3 76
因为东西少，收拾起来游刃有余

方案 4 78
单手便可取出，抽屉内的创意收纳

方案 5 80
彻底活用家居死角

方案 6 82
把冰箱分隔成小房间，充分使用空间

方案 7 84
把大小不一的盒子像拼图一样组合起来的食品室

方案 8 86
对于容易散乱的文具，只买抽屉能收纳的量

方案 9 88
随便放也可以！使用和收拾都方便的药物收纳方式

方案 10 90
可以用作『总之先放这里吧』的大容量壁柜

方案 11 92
洗漱用品和化妆品要像商店一样陈列得好看

方案 12 94
更衣室的架子上利用小盒子防止物品乱糟糟

方案 13 96
悬挂式收纳沐浴用品，击退湿漉漉和霉菌！

方案 14 98
消灭『稍微放在一边』的挂钩式收纳

方案 15 100
外出用品不带进屋内，直接放在玄关处

自言自语 102
遛狗散步是最好的心情转换活动

PART 4

因为懒散而需要养成习惯的日常家务

103

104 因为懒散而需要养成让打扫变得轻松的习惯

106 方案1 『厨房翻新』，十分钟便能搞定一天的污垢

108 方案2 早晚两次的洗衣工作让创意产品来帮忙

112 方案3 十分钟就可以保持整洁！随手的『早晨清扫』

114 方案4 依靠便利工具来轻松去除在意的污渍

118 方案5 只需要放任不管就能完成的懒人式小型大扫除

120 方案6 禁止乱放文件！『手上的东西要立刻分类』的整理秘诀

122 方案7 只有一分钟也没关系，养成给自己『放松调整心情时间』的习惯

124 结语 马虎和懒散的我也可以做得到！有意识地去改变『生活习惯』

设计　吉村亮、大桥千惠（yoshi-des.）

摄影　柳原久子

插图　OKAWA AYA
　　　STOMACHACHE（房间布局图）

编辑　米原晶子

校对　麦秋艺术中心

正因为马虎和懒散
才需要让家务变得轻松
极简生活

　　我曾经被别人称赞过"真爱干净""真细心"。不不，其实完全没有这回事。我既干不了细致的工作，也不擅长做家务。正是因为深谙自己的马虎和懒散，我才会开始留意"怎么样才能轻松地保持家里整洁"这个问题。

　　而我所发现的方法，就是用较少的物品来过简洁的生活。日常生活中真正的必需品实际是非常非常少的。

　　装饰性的、观赏性的收纳方式固然也很棒，但是同时会增加打理这些东西的步骤，空间也得不到有效的利用。

　　家里的物品越少，打点家务和放松身心都更得心应手，和家人一起的时间也可以过得更有意义。

　　我认为这是"极简生活"里最重要的一点。

keep life simple

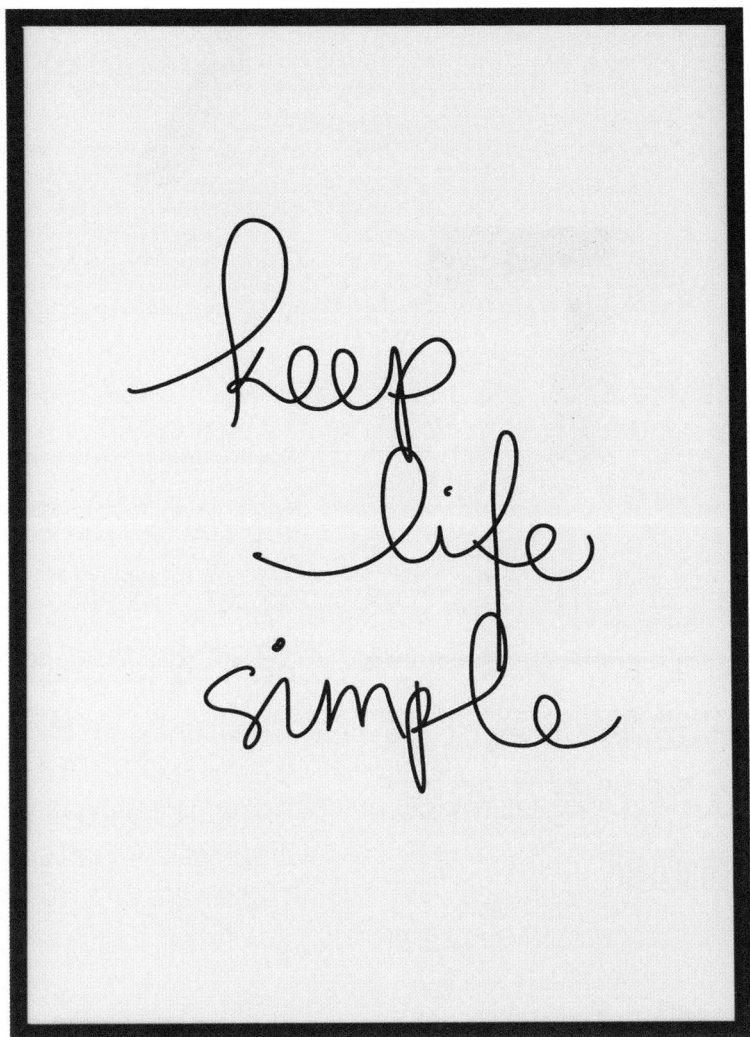

以放松的、简单的、不用过于勉强努力的生活为目标。

我的原则

为了保持简单悦活的原则

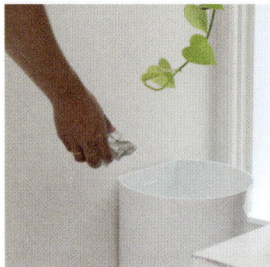

原则

2

报纸或杂志等容易变为"垃圾"的物品不拿进家里

家里显得零散凌乱的很大一个原因就是"纸制品",因此我更多的是在网络上直接搜索需要的内容。邮件也在收到的同时就区分好类别,不需要的则直接放进垃圾桶。

原则

1

只选择"真正喜欢"和"真正需要"的物品

单单是被喜欢的物品包围这件事,就可以使做家务的动力高涨起来。比平常更珍惜地对待喜欢的物品,也可以起到减少不需要物品的效果。

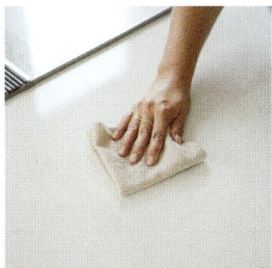

原则

4

保持让家人都"渴望回家"的舒适环境

回到整洁干净的房间时心情果然也会变得好呢。每天我都在心里记挂着，要打造一个能与我重要的家人们一起舒适生活的空间。

原则

3

为了便于打扫，地板或桌面上不放置任何东西

没有了"把东西拿起来"这一步动作，打扫会变得格外轻松。由于地面上什么杂物都没有，"随手的打扫"也能很轻松快速地完成。

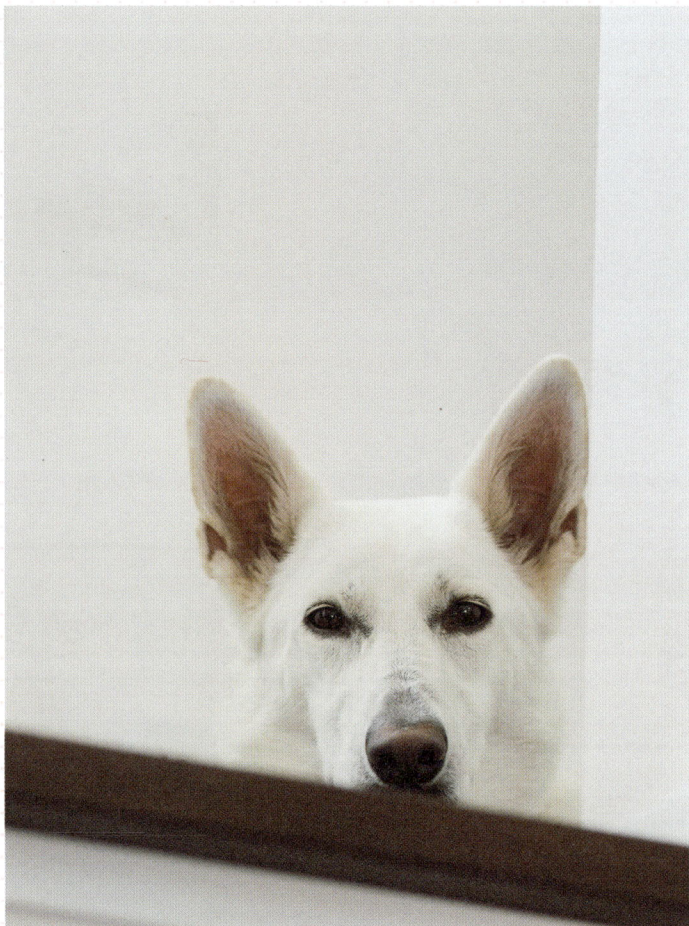

　　这一位经常与房间融为一体的白色瑞士牧羊犬卢迪（女孩），我们都叫她"白小姐"。存在感超强的她，收获了许多"我是白小姐的粉丝！"之类的留言。

　　与外表完全相反的是，她的性格其实非常胆小。我一打开吸尘器她就会像喊着"天啊！开始啦"似的拼命躲起来，并在暗中观察外面的情况。但是对于我女儿突然的调戏，她会像认命了一样让其玩弄，真是心胸宽广的狗狗啊！

　　就是这样的白小姐，是我们不可或缺的、重要的家庭成员。

因为马虎
而用心布置的
简洁住所

讲究『便于收拾』『便于打扫』的室内装潢

通往极简生活的路程

不擅长收拾和打扫

◀ ◀

减少物品数量，东西不放明显位置

◀ ◀

一散乱就很明显所以马上收拾

我们在2014年10月完成了新家的建设！以开启新生活为契机，我们用心打造了简洁的家居空间。第一个需要思考的问题，是粗枝大叶的自己如何可以保持家里被收拾得干净整洁这一点。然后我们想到的是彻底贯彻"便于收拾""便于打扫"这两点。从选择家具开始，到家居装饰、收纳方式等方面都用心考虑，才变成现在家里简洁的模样。

选择不会造成压迫感的低矮型家具

喜欢这样软绵绵的超厚地毯！

在电视机后面的墙上贴上条状的、带有调湿功能和除臭功能的"环保壁纸"作为点缀。

在决定新居装修风格的时候，我们在思考"怎样才能打造令人感到放松的空间"这个问题。由于我们夫妇喜欢在夏季一起到海里潜水，于是想到"像海边的度假酒店一样有宽敞的空间就很棒"，便决定使

喜欢低矮型的家具♡
不用打扫沙发底真的太
方便了。

来自低矮型沙发专卖店"HAREM"
的沙发。听了工作人员"由于沙发和地
板之间没有缝隙，因此灰尘也进不去"
的建议后就决定购买！现在我迷上了不
用打扫沙发底。

用室内中庭的结构！

同时为了每日都能有"在度假"的感觉，我们在家具装潢中加入了时髦的元素。

低矮型家具也是其中一项元素。靠近地板的生活能够让人感觉很放松。

金点子

起居室内只放沙发和电视

虽然我也觉得装饰架和收纳架之类的很可爱，但是我真的做不到一件件把东西移开再清扫灰尘这件事情。没有办法维持干净整洁的收纳架，所以从一开始我们就不安装。

出众的空间开放感！
浑身优点的低矮型床

在二楼面积相当于8.75张榻榻米大的卧室里也选择了低矮型的床。使用这样低矮型的床之后，房间的空间开放感会变得完全不一样。我们家庭全员的睡相都很糟糕，靠近地面的话还能让人觉得安心。生宝宝之后也能安心地让女儿睡到一起，这也是其中之一的优点。

优 点

• 即使是240厘米的宽幅也没有压迫感

• 靠近地板，就算摔下床也不用担心会受伤

• 床底不容易积灰，打扫的次数减少

◎ 推荐这个！

可以消除床垫间隙的好物

利用"T"字形的聚氨酯橡胶垫去填满两床垫之间的缝隙，再铺上超大尺寸的垫子就能消除垫子间的凹缝。

多排放些抱枕，
营造酒店的感觉

由两张来自"LAUTUS"的
地板型单人床拼起来的大床。由于
我们家全屋都使用地热，房间室温
恒定，一年四季都可以使用一样的
床铺。我热衷于根据季节的不同来
更换抱枕套（日本百元店Seria的
商品），以此来转变卧室的氛围。

LDK内实行『什么都不放出来』的做法

KITCHEN.

我们想要营造放松平静的氛围，因此选择了深棕色的组合式厨房。电磁炉灶的油污挡板被我们拆掉了，改造成了平坦的料理台。

在考虑新居装修的时候我们最讲究的地方，就是设计一个从起居室能够一眼看到餐厅和厨房的空间结构。墙壁的基调颜色设置为白色，拉门和地板则选择了深棕色，形成风格沉稳的强烈对比。

面积相当于20张榻榻米大小的LDK（起居室、餐厅及厨房）可视空间内不摆放任何厨具、书籍或生活杂货。虽然是为了让这个家人待的时间最长的空间保持整洁，但其实同时也能让收拾和打扫变得十分轻松。

料理台和桌子都是平坦无一物看上去才干净整洁！

厨房的长形料理台上不放置任何厨具

从起居室可以完整地看到我们特选的长形料理台，如果台面乱糟糟的话就会让人无法平静下来。因此我做完饭后就会把厨具和调味料之类的放回橱柜。这里的重点是"买东西只买橱柜能够放得下的量"。

厨房纸巾和洗洁精等必需品选择白色的包装则不会抢眼

料理台上保持整洁什么杂物都不放置。可以一口气从左到右"唰"地擦拭台面。

◎ 推荐这个！

水槽排水口的盖子并不是必需的

水槽内只放置小型的沥水篮和清洁剂。排水口的盖子只会增加打扫的工作量，除了客人来的时候用上，其余时间我都不放出来。

遥控器或宠物用品等挂在电视机后面

电视遥控器、滚筒粘尘器等需要时就会想马上用到的东西，我还是不想放在平时看得见的地方。思前想后得到的方法就是在电视机背后贴上挂钩来收纳它们（注意不要覆盖到电视机的散热孔）。这样子超方便的！

意想不到的隐藏式收纳！

比起放在地面，彻底利用"空中"和"墙壁"的空间

我尽量不在桌面或地面放杂物，生活必需品则利用"隐藏式收纳"放在不显眼的地方。每次被家人以外的人问到"纸巾在哪里""遥控器在哪里"之类的问题，我都会得意洋洋地展示家里的这种收纳方式。

玩具放进束口袋里"挂起来放"

在女儿玩完之后我便会把婴儿的玩具放进束口袋里，然后挂到婴儿椅边上。这样如果女儿在吃饭时闹别扭了，我还可以马上从束口袋里拿出她喜欢的玩具来哄她。

◎ 推荐这个！

纸巾盒倒过来放在桌子底（！）

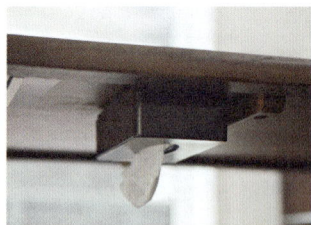

利用魔术贴把纸巾盒倒过来粘在桌子底。容易抽取不说，也不会因为乱放纸巾盒而找不到纸巾用。

每次打扫时不需要来来回回挪开垃圾桶太方便了！

打扫时无须移动垃圾桶。"扫地机器人也畅通无阻！"

垃圾桶挂在墙壁上让打扫变得简单

你能想到我们家的垃圾桶放在哪里吗？作为生活绝对需要的，但是又不想让它太抢眼的东西，我用挂钩把它挂在墙壁上了。白色的墙壁上挂白色的垃圾桶、棕色的墙壁则挂黑色的垃圾桶，根据墙壁颜色的不同来选择垃圾桶的颜色，让它融入周围的环境当中不再显眼。

容易弄脏的用水处更需要坚持

『简洁是最好的』

洗漱台和浴室等经常用水的地方，稍微不注意就很容易积灰或者产生水垢、甚至发霉。对于讨厌打扫又马虎的我来说，这里是我最想让其尽量简洁的地方。

为了打扫方便和保持卫生，从牙刷、洗剂到化妆品等所有东西都被我收在柜子里，洗澡用品也不允许放在地板上。在建造新家的时候，我们认为窗户是洗漱台和浴室的必需品，并在保持用水处的光照和通风方面下了功夫，做好防霉的措施。

丈夫最喜欢的浴室要长期保持干净

在丈夫的要求下我们选择了有足够空间可以放松的、约4.13平方米的浴缸。虽然浴室的主色调是很男性化的深棕色，却没想到很容易显脏，为了保持干净需要很勤快地去打扫。

在用水处不允许随意放生活杂货。防止东西变得湿漉漉的同时打扫也变得轻松！

金点子

洗漱用品和洗涤剂都收到柜子里

在二楼的带有洗衣机的洗漱台上，只放置了擦手毛巾和绿植。充满生活感的物品都按照固定的位置收纳在柜子里。这样东西不会被弄得湿漉漉的，打扫也很方便！（收纳展示请见第92页）

巴黎产的带有贝壳装饰
镜框的镜子。我超喜欢
的一角。

选择海边度假村
风格的白色镜子

我们用心布置了一楼卫生间的洗漱台。虽然家里的墙壁主要为白色，但是我们在这里选用了木纹的墙纸。为了更有度假村风格，更是选择了带有贝壳纹理的大型镜子。

随心点缀一些绿色，追求简洁的同时不会煞风景

我们家的主基调是以白色和深棕色为主、不放杂物装饰的简洁风格。为了不因为缺乏趣味而显得家里冷清，观叶植物是不可缺少的。只需要一些生动的绿色植物，家里的氛围就会一下子变得明亮起来。至今做了无数次植物杀手的我（甚至连仙人掌也没有逃出魔掌）也有信心推荐的是"藤蔓植物"。常青藤、绿萝、洋常春藤等植物不但种植简单，而且单单只是这种"垂吊感"就让人觉得很时尚呢。

植物也悬挂起来 打扫更轻松方便

连植物我们也不想放在地板上，因此基本都是挂在墙壁上。即使是放上花盆也丝毫不吃力的强力三脚钉子（商品详情请见第99页）在这里帮上大忙。我觉得比起深绿色来说，黄绿色更加亮眼！

＼ 起居室一角 ／

照顾绿植的时候心情也能得到治愈～

＼二楼的洗漱台／

绿植点缀单调的卫生间

有一句话说的是"卫生间是我家的门面"。家里一楼和二楼都有卫生间，里面放置了洋常春藤、绿萝、龟背竹等植物。为了打造一个能让使用者放松的空间，我还放置了香薰和画框作为装饰品。

> 在卫生间里放置绿植还能带来清洁感，太神奇了

◎ **推荐这个！**

照料藤蔓植物很简单

不易枯萎的、带有时尚感的垂吊式植物。把觉得长太长的藤蔓剪下来放到水里就可以继续生长，很容易繁殖。

\ 儿童房的窗边 /

玄关是『运气的入口』注意保持干净整洁

在客人经过入口打开前门的一瞬间，就决定了其对这个家的第一印象。

而且我听说有一种说法是"玄关是运气的入口"。需要时常注意保持整洁，避免鞋子被到处乱放。

我们夫妇的口号是"鞋子必须放回鞋柜"，养成经过玄关的时候把放在外面的鞋子"放回去""收整齐"的习惯。

从大门一直到玄关的入口都贴了白色的瓷砖。明显变脏的时候可以使用高压清洗机来打扫。

白色的大门和白色的入口打造明亮的感觉

家里大门处的墙壁也是仿照度假酒店的感觉，选择了没有压迫感的白色。两边打造成小花园，用绿植和花朵愉快地迎接客人。

给客人留下好印象！理想的干净整洁的玄关

"玄关里只能放一双鞋到外面" 是家里共同的原则

自从我和丈夫约定好对于平时常穿的鞋子各自"只能放一双到外面"之后，玄关就显得更加整洁。丈夫也开始主动地收拾（太好啦～)!

我放的是随便出去一下或者带爱犬出去散步的时候方便穿脱的鞋子。

Welcome to my sweet home.

虽然买不起太高级的香薰，但还是想被表扬"真好闻呀"

方案6

意地展示季节的流动
在玄关的装饰架上不经

圣诞节的时候装饰上小型的、带有灯光的简洁白色圣诞树和蜡烛。有人说"气味决定了家里的第一印象"，因此香喷喷的香薰扩香必不可少。

为了让玄关不要有压迫感、看起来更宽敞，我们选用了长条形的鞋柜。拜其所赐，柜顶的空间成了我们放置当季鲜花或杂货来装饰玄关的一角。

平时我只用贝壳图案的壁画和木条扩香（香薰）来装饰。通过更换四季的鲜花来感受季节的流转，圣诞节或者女儿节*等节日则会换上相应的装饰物来享受节日的气氛。

———————————
＊日本的一种传统节日，又称"桃花节"。

Welcome to my sweet home.

我们家的女儿节玩偶是看上去懒洋洋的可爱小玩偶。是祖母生前很喜欢的东西。我也很喜欢它让人眼前一亮的涂装。

◎ 推荐这个！

划算的木条扩香

在以前买的"FrancFranc"的香薰瓶内装入300日元左右就能买到的"Sawaday扩香木条（小林制药出品）"的替换装，就这样用了3年。虽然很便宜但是香味绝对不会输！

\ 日常只饰以鲜花 /

平时只会插上在庭院内盛开的鲜花。这项工作能很好地让我转换心情。

在走廊的墙壁装饰最喜欢的海洋风物品

走过玄关之后马上就到了走廊，我们在走廊的墙壁上挂上了能让人联想到海洋的装饰品。营造出我们夫妇都最喜欢的度假村风格。

将楼梯下面的死角活用为爱犬活动的空间

在起居室内的楼梯我们选用了不会造成压迫感镂空型的楼梯。

在楼梯上上下下找寻舒服地儿的卢迪。虽然打扫掉毛真的很麻烦，但是她真的太可爱啦。

白小姐——卢迪的饭厅在镂空型楼梯的下面。对于人来说这里是生活死角，但正是由于被楼梯遮挡了起来，改造成爱犬的生活角就再适合不过了。饭盆和水盆的高度也根据白小姐的身高调节得刚合适。

我持有宠物美容师的执照，因此曾经接触过很多不同品种的狗，自己养的话还是觉得短毛狗会更好。白小姐性格稳重，和女儿也成为了超好的朋友，还把丈夫当作老大一样崇拜（咦，那我呢？）。

把水桶当作小桌子，放上搪瓷饭盆和水盆

可密封式的水桶既充当狗粮收纳桶，又充当爱犬的饭桌。小铁凳上则放置水盆。搪瓷器具即使脏了也很容易清洗干净，方便保持整洁。最近扫地机器人的充电器也加入到这个角落的阵列当中。

POPCORN

POTATO CHI

虽然爪子印和掉毛会弄脏家里……但是看在这么可爱的份上原谅你啦

房间整体都是软绵绵的感觉，光是看着就觉得怦然心动

婴儿用品可以善用精选的产品和赠送的礼物

我们的婴儿床和婴儿背带都是赠送的旧物。虽然也有我们自己精心挑选的婴儿用品，但是对于随着婴儿的成长就会变得没有用处的婴儿用品，我们更多的是充满感谢地使用别人赠送的旧物。

利用白色使日式房间成为干净清爽的儿童房

起居室的隔壁是面积约6张榻榻米大小的日式房间。我们选用了没有边缘的"琉球榻榻米"来让房间看起来更加明亮，但是为了爱女的安全，我们做了一些改造。

首先在榻榻米上铺上了白色的跑步垫，把日式房间改造成了软绵绵的婴儿房。亮点是在墙上安装的可拆卸式墙壁搁板，用来放置可爱的杂物。看着用木珠子和婴儿服布置的可爱的婴儿房，我都觉得十分心动。

在房间的一角新安装上了尼达利（NITORI）的墙壁搁板。我们十分注重保留儿童房应有的天真可爱。

改造后

◎ 推荐这个！

利用慢跑垫令有榻榻米的日式房间变为西式

改造前

虽然很喜欢这个日式房间，但为了改造为儿童房，我们在地上平铺满了边长60厘米的白色方形跑步垫。由于墙壁本来就是白色，铺上跑步垫之后就变成西式房间的感觉了！

女儿刚出生
不久的时候

　　为女儿亲手做的毛毡床头挂饰和小靠枕增加了房间可爱程度。打印网上的免费插画做成独创的海报。房间整体都在营造一种柔软的感觉。

婴儿用品收纳到婴儿床周围

　　床下用布盒收纳尿不湿或湿纸巾等用品。为了能单手利落地拿出口水巾或围巾等用品，我把它们都放在藤篮里，再用"S"形挂钩挂在床尾。

由于一放下女儿她就会哭，所以婴儿床基本没怎么用得上。我们趁早看透了这一点，把婴儿床送给了需要的人。看来果断的判断也很重要呢。

女儿学会爬行之后就把婴儿床送人了

婴儿用品移放到架子下面

尿不湿、湿纸巾等挪到了架子下的布盒里，婴儿背带和季节性强的婴儿服（浴衣等）也是放在这里。我们为了给之后会越来越多的玩具腾出了空间。

金点子

随着孩子的成长，房间的布置也不断在变化

我那小小的女儿也将近1岁了。与此同时我们把婴儿床送给了近期即将生宝宝的朋友。随着孩子的成长不断改变收纳方式，已经用不上的东西则通过送人等的方式处理掉。需要时常注意着房间"不能被过多的物品淹没"。

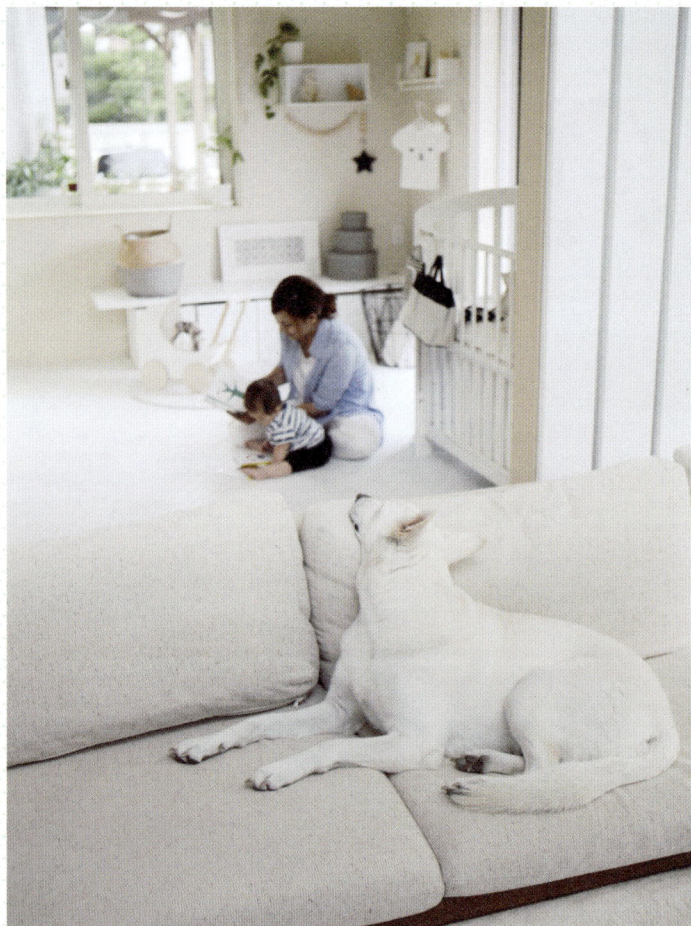

我感觉最大的变化在于做什么事情都会事先考虑孩子，因此对时间的安排会有很大的变化。在这之前都是在自己想做的时候再打扫收拾，老实说那时我并不太懂得如何安排时间。

现在我的自由时间有早上一小时、晚上半小时之类的"时间限制"（中途如果孩子哭闹了则随时终止），做事情就开始需要考虑效率。做家务期间还要忍受白小姐的妒忌之火在背后熊熊燃烧……有时一天下来磨磨蹭蹭什么也没干成，现在也开始可以尝试"没办法啦"的想法然后放弃挣扎。

不断试错后
才领悟到的
必需品选择法

日常只选用『优质的物品』

真正必需品的选择方法

不被『大家都有』所迷惑

↤

等于『没有也可以』
『有的话就很方便』

↤

在找到『超合适』的物品
之前绝不妥协

我有一款从小就很衷意的厨具，那就是娘家在使用的德国产的菜刀和剪刀。小时候经常被说"亨克斯（HENCKELS）的刀具很锋利所以要小心啊~"，且其锋利程度至今没变。

希望优质的物品能被长久使用的我认定"就是这个了！"，因此自己也选择了同一个牌子的厨具。虽然价格比较高但是还是真实地感觉到了，日常要使用优质的物品才能用得久反而"最后是最划算的！"这个道理。

正因为喜欢烹饪才更要选择顺手的厨具

[厨具]

1 非常锋利的不锈钢菜刀

金点子

- 锋利度超群
- 无缝易清洗，确保卫生
- 手柄不滑手

切蔬菜我一般最常用的是全不锈钢的菜刀。刀刃长 18 厘米的小型刀具，收纳取放和清洗都很方便。来自双立人（ZWILLING）的"TWIN FIN 多用刀"。

◎ 推荐这个！

左边的 3 把刀都来自双立人亨克斯（ZWILLING J.A. HENCKELS）。分别用来切蔬菜、生肉、刺身。右边的那把是来自大阪·堺的厚刃尖菜刀，专门用来剖鱼。

我们夫妇有一个共同的爱好，那就是无器械潜到水里去叉鱼——"潜水叉鱼（Spearfishing）"。厨房是我经常待的地方，除了在那里准备每天的餐食，还会处理每个周末在海边捕获的鱼。为了让烹饪过程更得心应手，我希望选用的各种厨具都能更顺手。因此在遇到可以接受的厨具之前我都会耐心地继续寻找。

2 不会生锈的削皮刀和厨房剪刀

很容易使上
力气的结实手感

金点子

· 外观简洁
· 锋利度超群
· 结构结实
· 购买方便

　　虽然百元店也有削皮刀卖，但那种和尽心挑选的完全是不一样的东西。我挑选了由结实的不锈钢制成的、即使是坚硬的蔬果皮也可以轻松削去的削皮刀。厨房剪刀则选择了双立人的全不锈钢剪刀，和妈妈这么多年来一直在使用的厨房剪刀一样的牌子。

坚硬的果皮也不需
费力便可简单削去~

◎ 推荐这个！

　　削皮刀是来自宜家（IKEA）的"365+瓦福（365+VÄRDEFULL）"。厨房剪刀是来自双立人的1938年以来的畅销产品"传统厨房剪刀"。这是一款除了可以当作剪刀使用，还可以当作起栓器和开瓶器使用的出色产品。

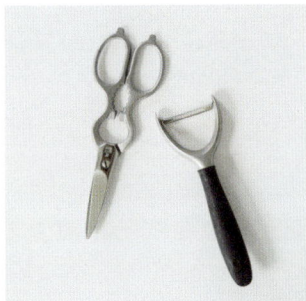

3 不容易漏水的单手柄锅

金点子

· 圆嘟嘟的外形很可爱

· 一人食用也合适的大小

· 加热沸水迅速

· 可炸东西等多用途

我们家经常喝茶，因此茶壶对于我们来说是必不可少的东西。但是茶壶很难收纳也很难清洁，让我有些烦恼。于是我开始尝试"没有水壶的生活"，才发现小型的单手柄锅就已经可以满足需求了。就算没有注水口也不容易漏水。

◎ 推荐这个！

附带玻璃盖子的单手柄锅不单能够煮沸水，还可以煮味噌汤、煮菜等。小小只的收纳也很简单，简直没有缺点。来自德国 Silit 的"Silargan 牛奶锅（14厘米）"。

4 微波炉专用砂锅

断奶用的粥也十分美味！女儿你真是个美食家～

金点子

· 可以煮出美味的米饭
· 微波炉加热15分钟就能完成
· 食物放凉了也好吃
· 还可以煮别的食物

这是婆婆送给我们的砂锅，我对它煮出来的米饭的美味程度简直着迷了。而且这还是微波炉专用的砂锅，就连玄米也能煮出惊人的香甜美味。给女儿煮的断奶食品也非常好吃，简直是万能锅。

◎ 推荐这个！

煮饭用砂锅是来自很受欢迎的长谷园的微波炉专用砂锅。由"外胆、内胆、里盖、外盖"的双层结构组成，可以煮出和直接火炊的米饭一样的美味。来自长谷园的"陶制砂锅·极"。

5 能成为装饰的胡椒食盐研磨器

金点子

· 简洁的外观设计
· 不费劲就能进行研磨
· 阔口便于再次填充
· 不会有粉末积在底部

一般研磨瓶的研磨口朝下，每次使用完都会有粉末积在底部，是让人很头疼的产品。但是我努力找到了超级好用的研磨瓶！使用的时候把它倒转过来，胡椒、粗盐等从顶部的瓶口出来，放回去的时候就不会弄得到处都是粉末，那就等于是不需要打扫了。

◎ **推荐这个！**

来自丹麦的人气设计师品牌MENU的"粗盐和胡椒研磨瓶 / Bottle Grinder 2件套"。可以通过转动顶部的木块来调节胡椒或者粗盐研磨颗粒的大小。

简洁又时尚！唯独这个我想要放在桌子上当作装饰呢

6 便于抓取和搅拌的烧烤夹

代替长筷子频繁
被使用

金点子

· 比长筷子更顺手
· 收纳在抽屉里也不占地方
· 根据用途准备3种不同的
型号

搅拌沙拉、翻炒蔬菜、炸东西等，日常所有的烹饪过程中都会使用到烧烤夹。换而言之它就是长筷子的优秀替代品。我选择了无接缝的简单款，并且根据不同的使用场合选择了3种不同的型号。

◎ **推荐这个！**

（从上至下）来自"cho-mono"的硅胶制"筷子型夹子"是长筷子的替代品。来自"KevnHaun"的"D形通用烧烤夹"是在烤鱼或者烤肉的时候使用。来自宜家（IKEA）的"沙拉夹"是做意大利面或者其他粉面的时候使用。

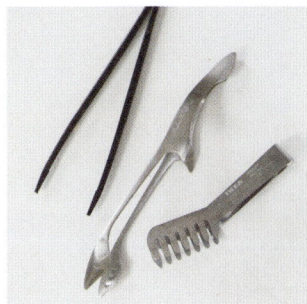

7 可装厨余垃圾的环保架子

- 不需要三角篮
- 用的时候才放置出来
- 折叠式的架子便于收纳
- 可以用作玻璃瓶、塑料瓶、牛奶盒的晾干架

　　我们家把水槽里的用来装厨余垃圾的三角篮移除了。取而代之的是用四脚架子撑起小塑料袋，煮完饭后直接把塑胶袋打结便可以丢到垃圾桶了。这样水槽就不容易被弄脏。

夏季厨余垃圾容易散发味道，在垃圾日之前可以暂时放进冰箱保存~

◎ 推荐这个！

　　以简单的四脚设计为特征的山崎实业的"环保塑料袋架Tower"。用来风干洗过的牛奶盒也十分方便。除此之外它还有很多用途，比如架起密封袋的话，预先制作的饭菜也很容易倒进去。可折叠式的架子收纳也不占位置。

8 吸水性能超强的厨房抹布

金点子
- 强吸水性能
- 速干
- 高性价比

　　我认为比起洗碗机，自己手洗的速度更快，而且手洗之后我会立刻把餐具擦干。在尝试过很多款不同的抹布之后，我发现吸水性能最佳的是微纤维抹布。现在餐具抹布和擦桌子的抹布都在使用这一种。

同样的组合可以多准备一套以作换洗

◎ **推荐这个！**

　　（从上至下）擦桌子的抹布是来自"NITORI"的"微纤维厨房抹布"，餐具抹布是来自百元店Seria的"微纤维毛巾"，擦手巾是来自今治·吉井毛巾的"SCOPE家用毛巾/灰色擦脸巾"。

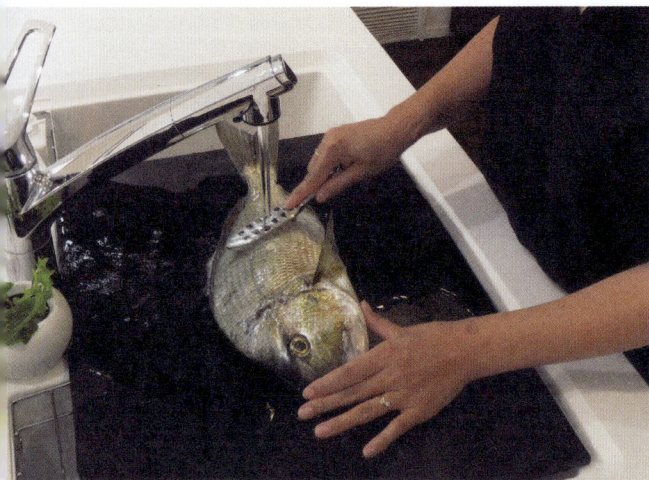

9
可定制切割尺寸的砧板

常规尺寸的砧板无法让我们剖从海里捕获的鱼，同时为了能像鲜鱼档口那样可以边冲水边处理鱼，我们找到了可以定制切割尺寸的砧板。

用刚捕获的鱼做的刺身。丈夫最喜欢看的书是刊载了各种鱼的烹饪方法的鱼类图鉴（好老气！）。

某一天丈夫捕获的超过40厘米的大鱼！

金点子

· 和水槽绝配的尺寸

· 大条的鱼也容易处理

· 黑色的砧板更容易看清楚食材，便于加工

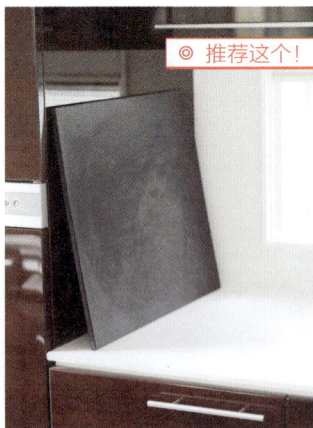

◎ 推荐这个！

定制尺寸可以精细到1厘米的来自"Culticamo"的聚乙烯塑胶制"商用砧板color top（黑色）"。我们根据家里水槽的尺寸定制了砧板的大小，平时则竖着放在通风良好的窗边。

风格统一的小物件

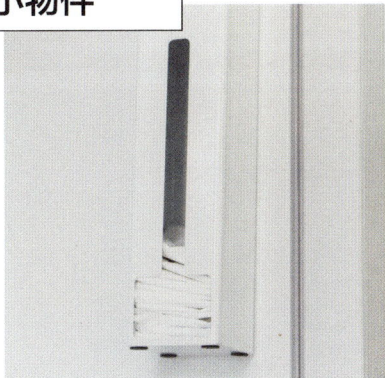

10 单手就可以抽取的厨房纸巾架

虽然厨房基本是实行隐藏式收纳，但我还是不愿意在烹饪过程中用脏兮兮的手去打开抽屉。所以我把厨房纸巾放进来自"Ideaco"的简易"厨房纸巾抽取筒"里，然后贴在冰箱的侧面。抽筒附有可以单手拉断纸巾的锯齿和防尘盖子。

11 不占地的塑料袋收纳架

购物后的塑料袋要怎么存放真的很让人困扰。以前会这里那里的到处乱放，现在来自山崎实业的"塑料袋收纳架 Tower"可以解决这个烦恼：从架子上端放进叠好的塑料袋，然后从下端抽取出来。而且架子是钢制的，就算面对厨房里油乎乎的灰尘也可以一下子擦干净。

金点子

· 现代化的外观设计
· 自带磁铁可贴到冰箱上
· 单手就可轻松抽取
· 污渍可以轻松去除

> 在网上搜索的时候，简直会像侦探一样坚持不懈地探究下去（我说不定很适合侦探的工作呢）

＼ 悄悄告诉你♪ ／

在网上找到"优质物品"的搜索秘诀

为了能找到"有的话就方便多了"的东西，首先我会在搜索框输入大概两个关于这件物品的关键字，比如"砧板"、"定制"等。如果没有发现想要的东西的话，就替换关键字多尝试几遍；如果我找到的话还可以使用"不要白色"这种"关键字除外"的功能来进一步筛选。"图片搜索"的功能也不错，而且这不光是用所需物品的图片，还可以利用该物品的说明书来搜索。最终找到想要的东西时我就想手舞足蹈大

呼"太好啦！"

这个过程中最关键的是不要向不符合自己要求的东西妥协。"好喜欢这个，看到就觉得开心"之类的，要用自己原本的价值观来进行判断。

这是我自己平时的做法，在博客介绍的"家居（ROOM）"的商品似乎也获得了大家的一致好评，甚至还获得了乐天股份有限公司举办的"首届最佳家居金奖"的优胜奖。

[衣物]

与混乱的上班时期相反，只准备春夏10套＋秋冬10套的『先遣队』

我的首饰收纳在卧室的陈列柜里。在柜子里安置一条硬棍子，以此斜着架起无印良品的首饰盘做展示。

我出门前都是在洗漱台处化妆的。谨慎选购好所需化妆品的品牌后，一一摆放在无印良品的展示架上。

鞋子、包包、帽子、太阳镜、外套等收纳在玄关隔壁的鞋帽间内。出门前可以确认最后的搭配。

以前我单身的时候有一段胡闹的上班时期。当时想着"每天都要穿不一样的衣服"，家里的衣服多得衣柜几乎都要装不下了。

结婚之后，我就变得开始注重方便做家务的、穿着舒适的衣物。不实用或者太多装饰的衣服都被果断地处理掉了，剩下的就只有经常会穿到的"先遣队选手们"——上装分春夏季和秋冬季各10件，下装也是10件左右。感觉在减少了不需要的衣服之后，更能享受搭配的乐趣。

· 用最少量的衣服生活
· 利用小物件玩转搭配
· 裤子或裙子也用衣架挂起来
· 不买没有必要的东西

所有衣物成列地展示出来，能更好把握其总数！

◎ 推荐这个！

全部都挂起来收纳后无需按季节更换衣物！可以看到全年所有衣物的衣柜

　　卧室的衣柜上层放上衣、下层放裤子或裙子，一年四季的基本搭配都收纳在里面了。用折叠式收纳的话很容易把堆到里面的东西给忘记了，我才发现"挂起来收纳会更方便"，于是连裤子也都挂起来了。

就算待在家里也穿着可以随时外出的衣服

基础搭配 **1**
衬衣和裤子

✛ 大气且有存在感的配饰

穿牛仔裤等比较男性化的衣服时，我会搭配一些大气的、闪亮的、有存在感的配饰，再加上大表盘的手表来增加成熟感。

我喜欢孤品或者手工制作的配饰！

衬衣搭配牛仔裤或白色、黑色的裤子，这是我平时最常用的搭配。这样的搭配感觉既休闲又简单，因此可以选择豪华的、有存在感的小物件来装饰。

基础搭配讲究简单，可搭配手提袋之类的特色单品

我喜欢的格调一直以来都没有改变。对于时尚的秘诀，我一般是实行"基础的衣服要简单，再用饰品或手提袋彰显特色"的搭配。利用手提袋或鞋子等优质的单品来搭配出属于自己的风格。

⊕ 有女人味的羊毛外套

秋冬季的时候我会加上柔软的长披肩或者有女人味的长款羊毛外套。随风飘逸的材质既能体现干练的感觉，又能凸显女性的魅力。

> 手提包更需要准备"先遣队"！平时使用和外出使用都是一样的包。

⊕ 和牛仔裤很搭的褐色手提包

穿牛仔裤我会搭配这款手提包。加上可选的吊饰和长款的包带后更能显示自己的特色。这是一款可以装上尿不湿后和女儿一起去公园玩的手提包。

⊕ 休闲的鞋子

我一般会选择带着孩子也能方便活动、和牛仔裤很搭的运动鞋。其余时间的话，盛夏选择凉鞋、秋冬则选择靴子，利用不同的鞋子来体现季节感。

基础搭配 **2**
针织衫和裙子

⊕ 精致且简单的配饰

裙子是很女性化、有冲击力的衣物，因此饰品要尽量简单。在我每一天都戴着的金项链和耳环的基础上，还可以加上带吊坠的耳环、长项链、手镯等。

我最近很喜欢长裙子，所以外出的时候经常会穿到。我会选择针织衫来搭配长裙子，带一点女人味的感觉还能让心情变得好起来。

善于混搭淑女风和休闲风

　　基本搭配如果是休闲风格的话则搭配淑女风格的华丽配饰，相反基本搭配如果是淑女风格的话则搭配休闲风格的配饰，这样混合着搭配能给人一种奇妙的平衡感。

关键是可以变成肩挎包的两用型包包

⊕ 休闲的牛仔夹克衫

　　在秋冬季我会套上牛仔夹克衫。它和女性化的长裙子非常搭，整体有一种利落的感觉。

⊕ 清爽的白色手提包

　　最近新买的白色两用手提包。手柄处是很清爽的淡蓝色，白色的包身和什么样的衣服都很搭，所以之后应该会变成我经常使用的单品。

⊕ 低跟浅口鞋

　　穿裙子的时候我基本都选择浅口鞋，可以根据心情来选择休闲风格还是淑女风格的单品。有时也会选择简单又有一点正式感的懒人一脚蹬鞋。

选择设计不容易让人厌倦的装饰

虽然整体都白色的，数字却能看得很清晰的挂钟

起居室里仅有的装饰物就是这个挂钟。为了让孩子在成长的过程中更容易认识到时间，我们选择了阿拉伯数字的表盘。我很喜欢这些数字随着不同的光线呈现出的光影变化效果。

来自"Lemnos"的"CARVED NTL10-19"阿拉伯数字挂钟。表盘主体是由一种叫作"ACE-LITE"的无机合成木材制作而成的。

> 需要选择不会喧宾夺主的设计！

默默无闻但认真工作的室温计和湿度计

我希望家里的温度能全年保持在21至22度，因此室温计和湿度计是必需品。这款产品更美妙的地方在于省略了更换电池的烦恼。起居室和二楼的卧室内都安装了这款温湿度计。

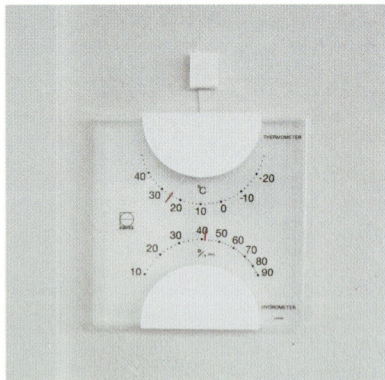

不需要更换电池的刻度式温度湿度计，表盘是透明的。来自"EMPEX"的"ERM温度湿度计 白色 LV-4901"。

存在感消失的挂壁式垃圾桶

垃圾桶是家里一定会需要的东西，但是尽可能想把它放在不起眼的地方。我超级喜欢把它挂到墙壁上的这个想法！这样新型垃圾桶减弱存在感之余还增加了打扫时的效率。

从壁美人网购买的"墙壁美人 雪尔蒂垃圾桶"，利用家用订书机就可以将挂钩安装到墙壁上。

想要享受高效的打扫，推荐高科技电器

[高效家电]

◎ **推荐这个！**

在和女儿玩耍的期间自动打扫狗毛的扫地机器人

打扫地上散落的狗毛是一件很费力的事情，以前一天内我可能要用2至3次吸尘器来打扫地面。生了宝宝之后没有这样的空闲时间了，我们就把这个工作交给了大功率的扫地机器人。感谢小"Roomba"机器人。

拥有连续工作2小时、最多可打扫112张榻榻米大小的空间的大功率。它可以与手机绑定，所以就算人在外面也可以操纵。来自"iRobot"的"Roomba980"。

◎ **推荐这个！**

可除菌除臭的无绳床品吸尘器

因为担心收纳很占地方一直很犹豫要不要买的床品吸尘器，在实际试用过后我觉得实在太好用了！清除灰尘或者螨虫当然不必说，还可以除菌、除臭、除湿，小毯子或者沙发也可以用，所以用来打扫宠物的毛发也很合适。

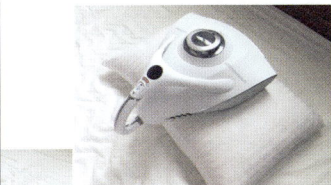

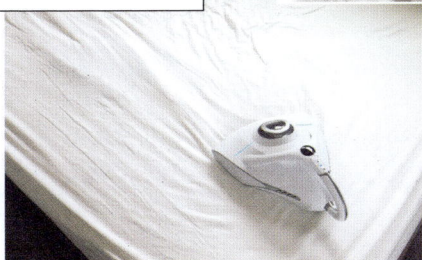

成为"RAYCOP"的2017年度最受欢迎机型的"RX-100JWH"，新增了枕头的除菌除臭功能并且变成了无绳。

◎ **推荐这个！**

更换纸袋式、清洗方便的罐式吸尘器

单手拿着无绳的吸尘器久了会觉得很重，背着孩子干活的话就更累人了，这种时候还是罐式吸尘机比较省力。更换纸袋式的设计可以让我省略掉机身的清洗步骤，这一点很便利。

小型、轻便的松下"纸袋型吸尘器MC-JP800G"（照片里这款吸尘器的最新机型）。机身不会扬起过多灰尘，就算孩子在附近也很放心。

[房屋结构]

不耗电！『冬暖夏凉』的高密封＋高隔热房子

在开始考虑建造新居前，我们去参观了一条建筑公司的样板房，那些房子的功能性让我们都入迷了。而且一条公司是坚持"样板房配置"就是"标准配置"的建筑公司。

全屋的地暖也是其"标准配置"之一，其高隔热的性能让他们打出了"室内四季如春"的广告语（实际住下来的确是那样）。可以自由地选择房间布局也是让我们决定使用这家建筑公司的原因。首先，我们表达了自己"希望家里像海边度假村那样宽敞开阔"的想法，之后和房屋设计师沟通的过程中再仔细讨论细节。

让夏季变得舒畅的遮阳帘

夏季来临时，朝南的木板外廊会变得非常热，因此之后我们加装了骊住（LIXIL）的遮阳帘。它可以像卷帘一样伸缩，夏季一下子就变得凉快起来。

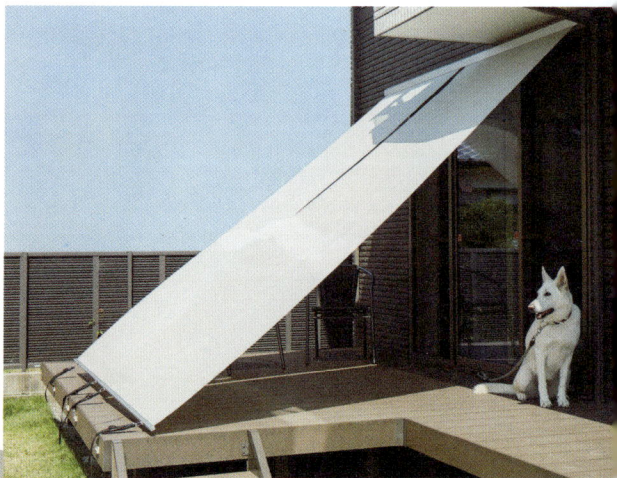

隔热的同时透光的蜂巢式窗帘

像卷帘一样的蜂巢式窗帘居然也是"标准配置"！横切面如同蜂巢的构造一般，隔热性能非常好，无论是夏季还是冬季都很适合。我们没有在窗户边上安装窗帘布，因此室内看起来也更清爽。

◎ 推荐这个！

利用太阳能发电

我们在屋顶装上了太阳能板。可以从室内的监控板上知道发电量，有剩余的电力则会自动出售给电力公司。每天去查看"今天卖出了多少电呢？"是我的一项乐事。

我们家的屋顶安装了13千瓦的太阳能板

由于有在出售电力，夏季的时候甚至能赚到家用。我们家真厉害！

金点子

室内中庭里明亮清爽的窗户

我们打通了起居室的天花板，安装了两个采光极佳的大型窗户。玻璃窗户采用的是让光线可以通过的同时、遮挡热度和紫外线的特殊材质，夏天和冬天都让人感到舒适。我们还在墙上贴了能够吸收湿气和气味、保持空气清新的壁砖建材"ECO CARAT"。

如果回到家的时候家里东西都乱糟糟的，整个人就会感觉更加疲惫。我希望丈夫能够回到一个让人轻松愉快的空间，因此在"地板"的打扫上下足了功夫。

"会掉毛的小狗"加上"到处爬的女儿"还有"赤脚走的丈夫"。在这三者的通力合作下，如果放任不管的话会造成很可怕的后果。

因此要在丈夫回家之前摆平家里的事情。我希望他能觉得"我们家真是最棒的呀~"（能喊出来的话更好！），因此会用心追求一个干净整洁的地板，在那里对丈夫说出"欢迎回家"。

因为东西少
而实现的
轻松收纳

家里越简洁家务越轻松

"轻松收纳"的要点

1 『隐藏式收纳』可以防止落灰

2 整理成一眼能看清的样子

3 定期重新清理一次

　　基本的要点是要把所有物品都收到柜子里的"隐藏式收纳"。要做到这一点的前提是家里东西足够少。因此必须定期清理一次那些"或许以后用得上"的不清不楚的东西。

　　我把每个月一次的大型垃圾丢弃日定为"重新清理日"。那天我会打开家里所有的厨柜门和衣柜门，重新问自己"有没有不需要的东西呢"？同时还能够掌握家里物品的总数量。

虽然都藏起来了，『打开柜门会发现别有洞天』

开放式厨房的基本要求是"打开柜门时整齐且有统一感"

橱柜的右侧放配合不同食物的餐具。左侧则放一些带盖子的盒子，里面放做甜品的工具、包装袋等杂乱的东西。茶叶或咖啡等则用密封罐保存并贴上自己做的标签。

从厨房背后的橱柜里拿放餐具或食材的时候，起居室和餐厅里的人可以清楚地看到橱柜里的样子。因此我想要把橱柜里面整理成即使打开的时候被客人看到也不会羞愧的样子（或者说被盯着也没关系的样子）。

使用频率比较低的日式花纹茶碗之类的会放进带盖子的盒子里，柜门里要保持统一的白色基调。我要实践"别有洞天的隐藏式收纳"。

一目了然的『一列收纳』是关键！

我精挑细选出每天都会使用的烹饪工具，因此放工具的抽屉里除了使用频繁的东西以外没有别的杂物了。

要注意那种100日元均一价的"水果专用削皮刀"之类的容易造成冲动购物的东西。某种食材专用的便利工具一是不多用，二是就算没有它也总有其他办法。半年以上都没有用过的东西也应该果断地处理掉，前些日子我刚刚丢弃了锤肉棒，因为可以用菜刀的刀背来代替。

> 每次打开抽屉都让人精神振奋呢

刀叉和餐具也要实行扁平式收纳

刀叉筷子等只买家里人口数再加若干备份的最少需要量。考虑到日常行动的方便，我把它们放在了靠近餐厅一侧的抽屉里。大的盘子则放在厨房后面的料理台下面的抽屉里，收拾成一眼就能看清楚东西在哪里的样子。

金点子

因为东西"不重叠"
所以不用费力寻找

只有精挑细选的厨具整齐地排列在一起,因此取放十分方便。我避开了五颜六色的厨具而全部选择不锈钢材质的,看上去也十分悦目!这是我十分喜欢的收纳方式。

因为东西少，收拾起来游刃有余

我家的烹饪工具和食材都是时常保持在最少需要量，因此厨柜的抽屉空间都很足够。我觉得就算是保留一些"以后可能用得上"的东西，如果过了保质期的话也没什么意义了。

调味料也在尝试过很多种之后只挑选了会使用得到的东西。为了能在烹饪的时候单手就能取放，我把它们整齐排列在上层的抽屉里。砂糖之类的调味料存货则可以随意地都放进带盖子的盒子里，再贴上标签就更方便找东西了。

**砂糖、茶叶、干货放进瓶子里，
存货放在下层的抽屉**

　　茶叶、面条等干货食物可以放进透明的瓶子里保存，余量一目了然。砂糖、浓汤宝等调味料放在上层的抽屉。砂糖、食盐等存货放在下层的带盖子的盒子里。

标签上加上母语
更容易被辨识

由于用同一种瓶罐进行收纳，我会贴上标签来区分不同的东西。"Curry Powder 咖喱粉"这样加上母语的标签，美观的同时又容易被辨识。

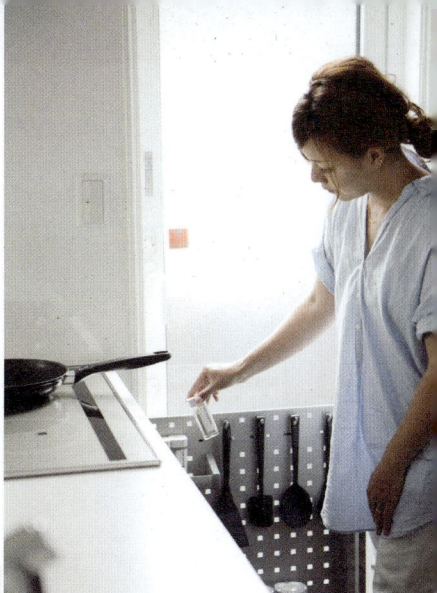

烹饪途中单手就可以取出的调味料和汤勺

在电磁炉灶的下方收纳着调味料和汤勺。以前有一段时间，我收集了好多各种各样的调味料，但我并没能成为熟练运用它们的厨师……因此现在只留下自己能马上使用的调味料。

放在上层能够单手轻松地取出，十分方便

厨房料理台最下层的没有分隔的大抽屉。我把锅类厨具全部都放在这里,并且只持有这里放得下的数量。旁边缝隙的地方可以放砧板。

方案 4

单手便可取出,抽屉内的创意收纳

我在厨房料理台下层的那个没有分隔的大抽屉的收纳上花了些功夫。特别是汤锅或煎锅这种形状各异的物品就更加难整理了。以前尝试过利用锅架子,但是每次拿放的时候会和其他锅碰到发出噪声,然后就会吵醒睡着了的女儿,这曾经造成了我的小小压力。因此我重新调整了收纳方式,巧用了树脂材料(氯化聚乙烯)的文件盒,不会再产生噪声。

剪掉手柄伸出来的位置!

金点子

利用柔软的文件盒就算放很重的锅也不会发出噪声

利用可折叠的树脂文件盒（来自"Monotone"）把单柄锅或煎锅竖立着收纳起来。因为是比较软的材质，所以可以根据手柄的大小用剪刀剪出合适的口子。并且放置很重的锅也不会发出噪声。

静悄悄地"咻"一下就能拿出来的感觉真好！

酱油、甜料酒等使用原本的瓶子托盘也竖起来放

为了避免"要拿很里面的东西时，需要把外面的东西都拿开"的麻烦，我利用较深的抽屉来做竖立型收纳。调味料的瓶子、托盘或意大利面等都可以从上方直接看到，拿放都很方便。

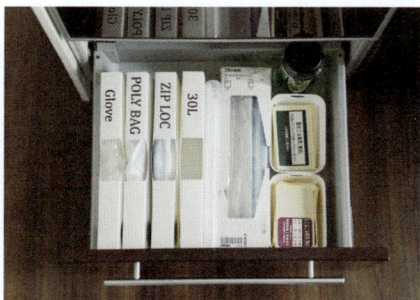

单手就能抽出来的保鲜袋

为了可以单手抽出保鲜袋，我把它们的外包装都更换成了"厨房消耗品专用盒"。小窍门是需要在保鲜袋折叠的中心夹一片厚纸皮，这样可以令你一直轻松抽出至最后一个保鲜袋。

彻底活用家居死角

厨房的料理台越宽则烹饪起来越方便，相反，料理台下的收纳空间越宽则越容易变成死角。如果能够好好利用这个让人困扰的空间，则会变身成为"帮了大忙的空间"。我也正在不停地尝试如柜子的深处、两边的缝隙、门后等各种死角的活用方式。

金点子

对于有点深度的柜子可以通过抽屉来利用里面的空间

过深的拉门厨柜一直是我烦恼的根源。直到我找到了可以深入至60厘米、通过圆形的凹凸点组合起来的大创的收纳篮子，才解决了这个问题。我用它来放玻璃容器。

组合可连接的收纳篮子！

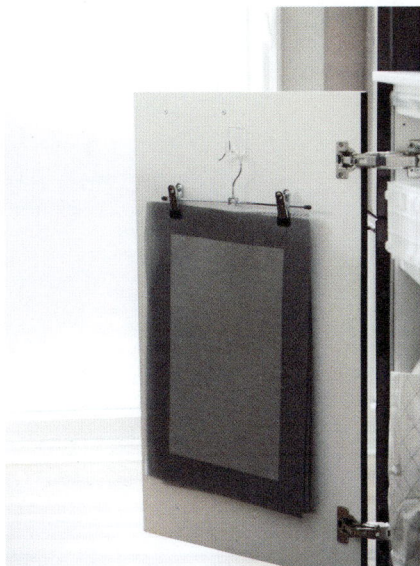

注意！
柜子或拉门壁上的
悬挂式收纳

（左图）餐垫也是让人很困惑要放在哪里的物品。可以在拉门后面贴上挂钩再用衣架挂起来。

（右图）橱柜的侧壁也贴上挂钩来挂隔热手套、饭勺等。一点缝隙我也不会放过！

在橱柜下层的抽屉式垃圾桶

垃圾桶放在外头的话每次打扫都要移动它们，十分不便。因此我们就在这里选用了一条建筑公司的可选项目——罐式垃圾桶。不用的时候把它们推进柜子关上拉门，看起来就十分整洁。

看起来乱糟糟的，可以在拉门的架子上贴上白色胶带遮住

准备好可以应对食材增减变化的自由空间

（左）放着果酱的"面包伴侣组合"和放着佃煮（甜煮海味等）的"白饭伴侣组合"。（上）确保味噌等常规使用的食材的位置。要时常为常规食材腾出一个空间。

方案6

把冰箱分隔成小房间，充分使用空间

我希望冰箱里可以长期保持整洁。为了能快速找到面粉、味噌或色拉调料等材料，我会把它们替换到专用的盒子或瓶子里存放。同时还会准备好放预制食材的空间。

虽然如此，只要稍微不注意，就可能突然从冰箱深处找到一颗脱水干枯的青菜（汗颜）。因此我会定期把冰箱内的所有东西拿出来清点，把长霉的蔬菜渣摘除掉，再用酒精对冰箱内进行消毒。

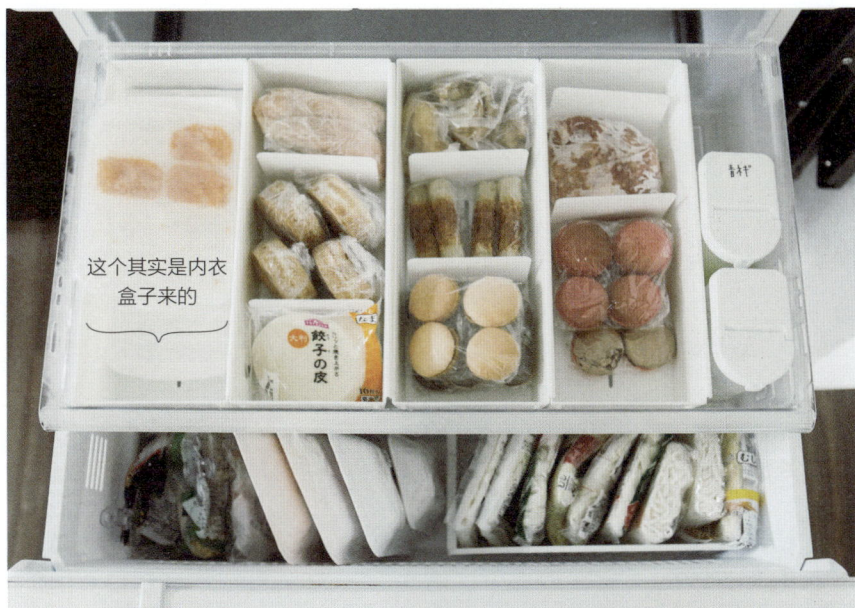

这个其实是内衣盒子来的

冷冻室和蔬菜室活用可分隔式的收纳篮子！

冷冻室和蔬菜室空间很大，利用收纳篮子的话可以避免空间浪费。我在下层会用较深的篮子来存放储备的肉类和卷心菜等较重的食物，上层则会用可分隔式篮子给不同的食材间隔出单独的空间。

蔬菜不要囤积，只购买需要的量

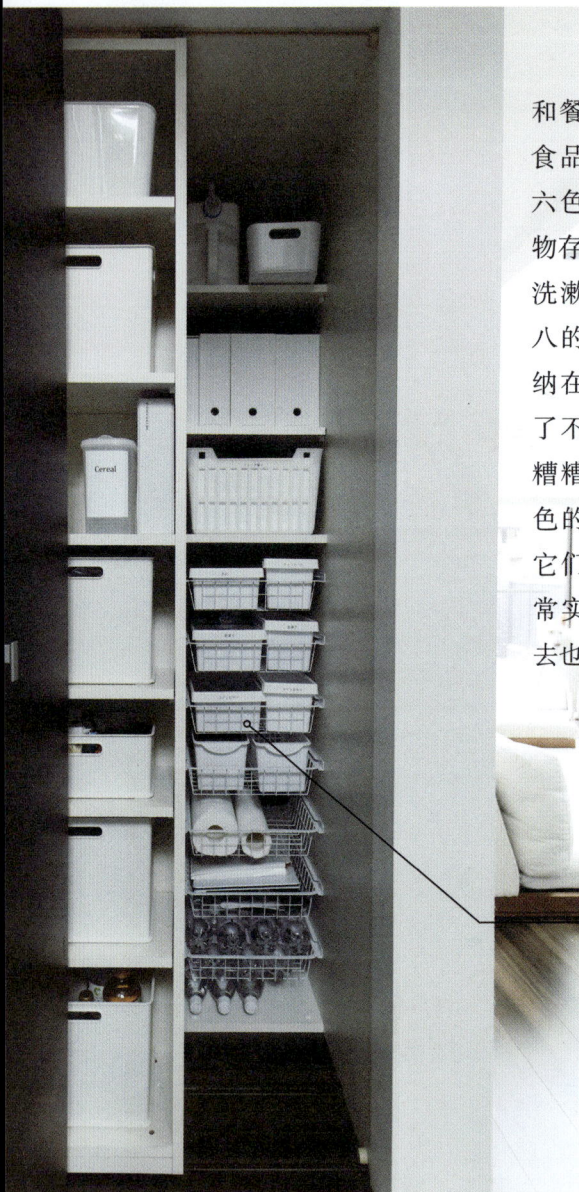

把大小不一的盒子像拼图一样组合起来的食品室

我们的起居室和餐厅之间有一个食品室，除了五颜六色的外包装的食物存货之外，文件、洗漱用品等杂七杂八的生活杂货也收纳在这个房间。为了不要看上去太乱糟糟，我使用了白色的收纳箱来整理它们。这样不但非常实用，而且看上去也整齐多了。

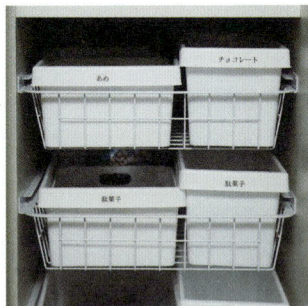

收纳箱里放爱犬的零食、水和纸尿裤

房间右侧是组装好的铁筐置物架，用来放宠物的饮用水和纸尿裤。零食之类的容易散乱的小东西则放在收纳箱里。

房间跟前的是可调整式的储物架。只要移动搁板的位置就可以调整每一层的高度和宽幅，能够适应不同的大小文件盒及收纳箱，不会浪费空间。

文件盒内放文件、面粉和罐头

房间左侧组合了不同厂家、不同规格的文件盒。上层放文件、中层放面粉（大阪烧和章鱼烧的面粉）、下层放罐头。

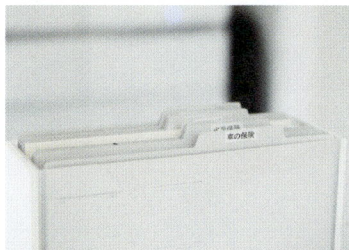

> 这里也是"打开看的话别有洞天哦！"

> 大阪烧！章鱼烧！我有好多面粉的存货~

金点子

通过组合不同规格的收纳箱来充分利用空间

对于容易散乱的文具，只买抽屉能收纳的量

一物一格，再也不会找不着东西

抽屉里刚好能并排放进四个均一价100日元的收纳篮。并且这是可自由分隔式的篮子，可以给每一种物品都划分出一格独立的格子。彩色笔等使用频率比较低的东西则放在小袋子里一起放。一种文具只买一个，不需要有后备。

在家里各种地方都派上用场！

可自由分隔式的篮子非常好用

百元店"Seria"的分隔板可自由调整的篮子很适合用来收纳文具。可以根据物品的大小调整分隔板的位置，就算是很小的物品也不会出现"哎呀，那个在哪儿呀？"的状况。

回形针之类的东西要分类存放

100日元均一价的"SD"卡盒子可以分门别类地存放订书机针、回形针、别针等小东西。这样能够有效防止东西散乱，非常推荐。

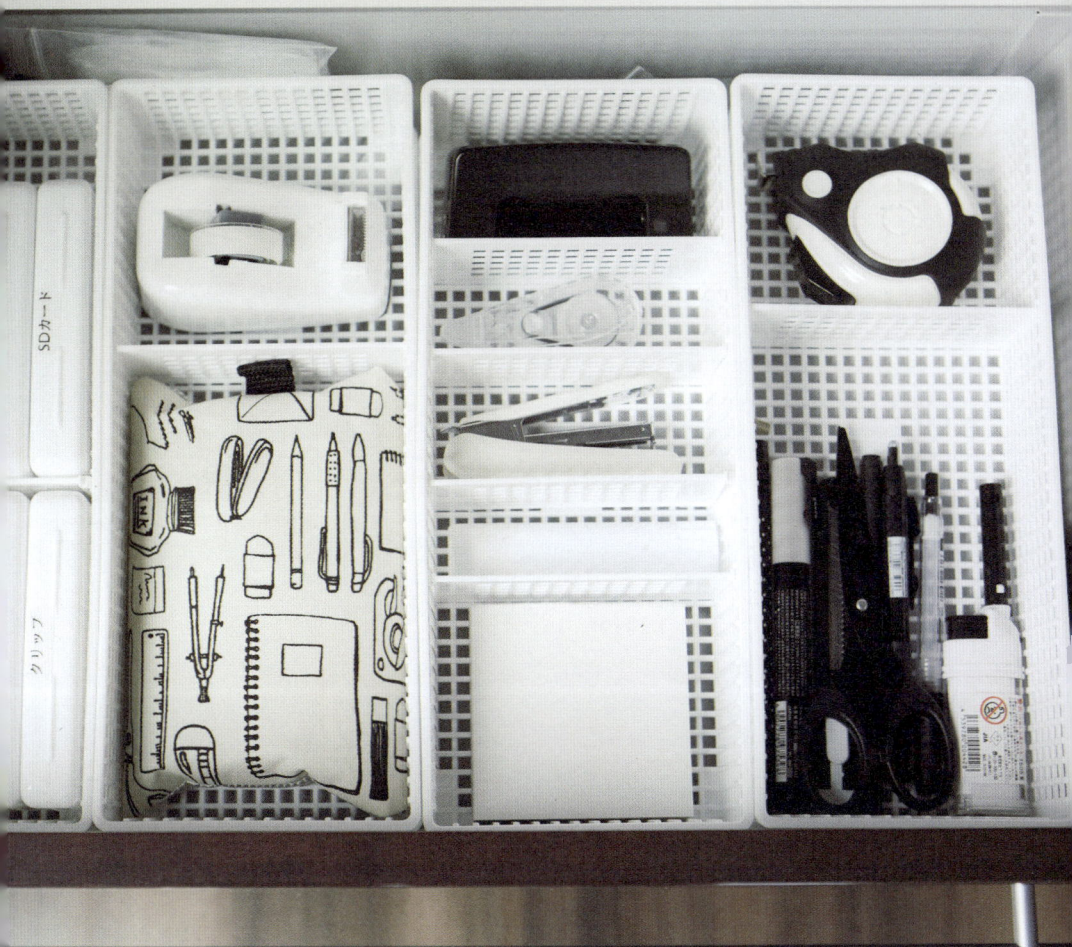

给每件小东西都分隔出单独的空间，不会变得乱七八糟~

笔、订书机、胶水、修正带等等功能、规格各异的文具是十分难整理的。即使都放进笔筒里，但这个笔筒要放哪里也是十分让人烦恼的问题。我也不喜欢就这么把它们放在外面。

因此我把文具类的东西全部都放在餐厅的橱柜下层较浅的抽屉里。只保留这个抽屉能够容纳的量，并把它们一列排开。我在避免把东西弄不见的方面真的用尽了办法。

随便放也可以！使用和收拾都方便的药物收纳方式

由于是大家都会用到的东西，所以只有我一个人知道这些药物放哪里的话其实意义不大。因此我把药物大概分了一下类再竖着收纳，这样拿放都比较方便。再贴上标签，等到真正有需要的时候不需要费劲就可以找到。

有效利用了电视柜下面的深抽屉空间，这是我们家从上方可以很直观看到里面有什么的、可以"随便放"的急救角。

内用药封袋保存，外用药直接存放！

（右）把内用药从包装盒里取出，剪下外包装的"注意事项"一起放入小的密封塑料袋里。（左）创可贴、穴位按摩棒、外涂药等直接放到没有盖子的收纳盒里。

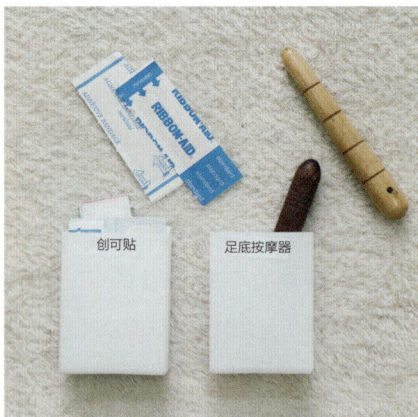

创可贴　　足底按摩器

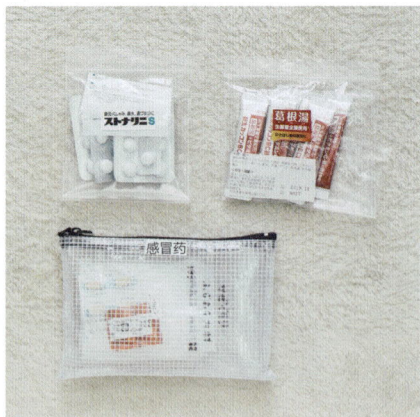

感冒药

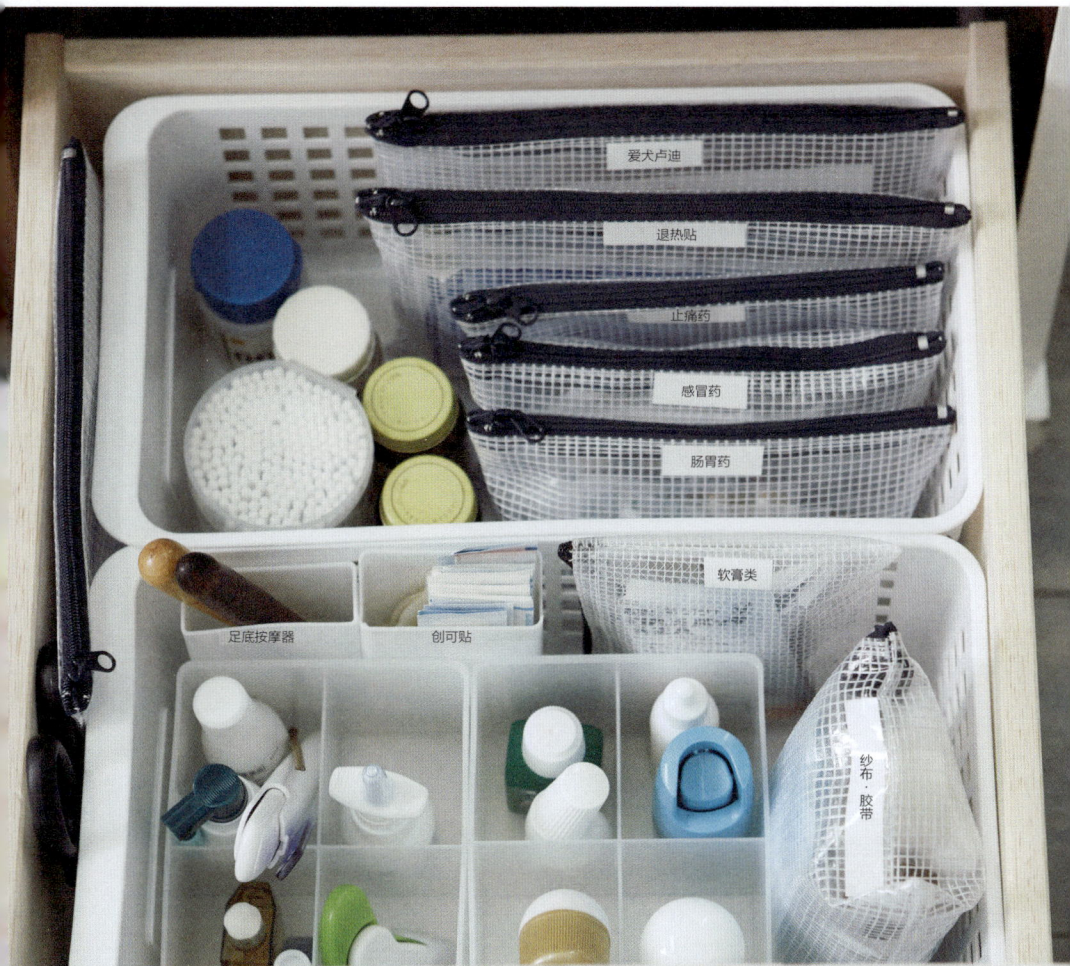

欢迎随便扔！或者说我更希望你随便扔

在深抽屉里粗略地按药物种类分类收纳

一开始我是按照每一款药品去细细分类，但是丈夫每次用完就随意扔回去，就这么变得越来越乱。所以现在变成粗略地按药物种类分类收纳后，仿佛在暗示"请扔在这里吧"，居然再也不会变乱了。

可以用作『总之先放这里吧』的大容量壁柜

靠垫套等轻的物品

顶柜使用了来自"NITORI"的附带盖子的收纳箱。想着之后孩子相关的东西会越来越多所以特地保留了这个空间。

客人用的被子

毛毯、被套等

冬季的衣物

生活杂货、相册、纪念品等

又深又没有间隔的壁柜虽然很难收拾，但刚好可以放大件物品

　　日式房间里的壁柜又深又没有间隔，很容易变成一个混乱的空间。其实我很不擅长收拾这种地方。但是为了不要浪费任何一点空间，我每一天都在不断尝试新的整理方式！

　　又重又大件的物品可以随意地放在下层，轻的物品则利用衣物箱等放在上层。抽屉则为了应对多出来的狗粮、尿不湿等消耗品而特地空了出来。

充分利用了深柜空间的带收纳盒的夹缝收纳架。我用来放置手工工具、针线工具，或者是新年贺卡、女儿节玩偶等季节性的小东西。

可以用来暂时存放物品的自由空间
（尿不湿、湿纸巾、狗粮等）

家里唯一的入墙壁柜，只用八成的空间来收纳

壁柜代替了储物室的功能，除了被子以外还会用来存放狗粮、尿不湿等存货。为了可以应对物品的增减、让多出来的东西有地方放，我会注意不要把壁柜塞得太满。

洗漱用品和化妆品要像商店一样陈列得好看

二楼的洗漱台比较靠近卧室，早上起床后我会在那里洗漱和化妆等。所以我的美妆用品都在洗漱台上的壁柜里放着。就算收拾好了也容易马上变乱的美妆用品曾经让我很烦恼，但是有一天我看到百货商店里美妆专柜的陈列时突然有了灵感。"这样不就又容易看清又容易拿出来嘛"！趁热情还没有消退的时候，我在家里的洗漱台还原了那样的陈列。我自己对此很满意。

二楼浴室更衣间里的重要洗漱台。洗脸、刷牙、化妆、洗衣服等都集中在这里，所以要保持干净整洁。

美妆用品放在柔和的圆形盘子里

随意把指甲油、发夹、橡皮筋之类的小物件丢进大创的"圆形小盆"里，这样排放在架子上显得很简洁。化妆水和洁面膏等也是只买壁柜能容纳的量。

从百货商店的美妆专柜获得的灵感，尝试整理了一下

清早可以让你愉悦地梳妆打扮的壁柜收纳

　　我的化妆品陈列在在无印良品的亚克力架子上。粉色系、橙色系、棕色系、红色系的口红分别只选一根。腮红和修容也是只选最常用的产品，控制好化妆品的总数量。

更衣室的架子上利用小盒子防止物品乱糟糟

为了能够带着愉快的心情入浴，我们将更衣室的其中一面墙壁贴上了家里主题色之一的深棕色，让人觉得更沉稳和放松。

为了不需要把准备更换的衣服拿来拿去，内衣和睡衣都集中放在更衣室处。浴巾按照每天两条的标准来准备两天的量，也就是只备用四条。我还选用了白色的收纳箱，使得整体感觉更加干净整洁。

洗涤用品替换到白色瓶子里

洗衣机上的悬挂式壁柜里，下层放的是替换到白色瓶子里的洗涤用品；中层是放到收纳箱里的洗涤剂存货；最上层是给客人准备的五条备用浴巾。

◎ **推荐这个！**

速干速度惊人
受欢迎的纱布浴巾

我喜欢使用兼备吸水能力和速干性能的、绒布与纱布双层缝合的浴巾。来自"TRAN PARAN"的"泉州毛巾 日常纱布浴巾"。

内衣就放在更衣室，不用来回跑到衣柜跟前，十分方便！

morrow is another day.

fe isn't always what one likes.

家人的内衣和睡衣都放在更衣室

即使是刚泡完澡、湿漉漉的手也可以
拿到预先放在墙壁的架子上的浴巾。架子
下面挂着的是给丈夫扔穿过的T恤的篮子。
宜家（IKEA）的储物架则用来放家人的内
衣、睡衣和毛巾。

悬挂式收纳沐浴用品，击退湿漉漉和霉菌！

\ 浴缸用胶鞋也是！ /

清洁浴缸专用的胶鞋是"aisen"的产品。山崎实业的"浴缸胶靴磁铁挂钩板"吸引了我，可以贴在洗衣机侧面的缝隙里。强力的磁力在洗衣机摇晃的时候也纹丝不动。

\ 水盆和婴儿用品也是！ /

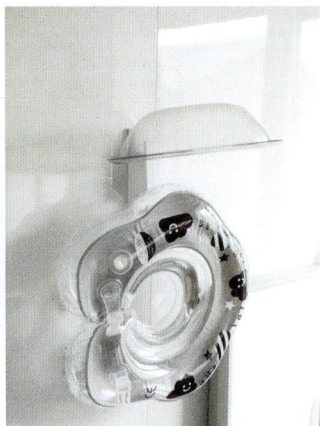

水盆挂在来自"Takara standard"的"洗澡用椅子挂钩"。下面的挂钩原本是要挂椅子的，但很可惜和我家的型号不太合适！取而代之用来挂婴儿的颈部游泳圈结果超合适。

为了方便打扫，基本上我都会采用把东西收起来的"隐藏式收纳"，但是唯独洗漱用品需要优先考虑通风，因此十分推荐悬挂式收纳。

浴缸胶鞋、水盆、洗发用品、孩子的玩具等，这些经常碰水的物品都采用通风良好的悬挂式收纳，防止湿漉漉的水渍和发霉，结果就是能让打扫更加轻松。

◎ 推荐这个！

浴室排水口的盖子其实不需要

遮盖浴室排水口的盖子其实是水渍和霉菌的温床。平常我会拿走盖子，这样打扫更加轻松。只有客人来住宿的时候才会重新盖上。

洗发用品和海绵等需要晾干

为了能晾干水份，洗澡用品一定
"不可以放在地板上"！

浴室清洁剂、海绵、橡胶刮水刷等利用"S"形挂钩挂起来，洗发露和护发素等则放在不锈钢篮里。同时洗澡用品的风格要统一，这样更让人感到清爽。

HAIR SHAMPOO

HAIR CONDITIONER

BODY SOAP

钩式收纳 消灭『稍微放在一边』的挂

眼镜、隐形眼镜盒、清扫用具之类的，一时间不知道要放哪里的东西，一不小心就会乱扔或者弄不见。面对这样的东西，我十分推荐"挂钩式收纳"！

根据物品的不同活用不同形状或规格的挂钩。如果能找到刚刚好适用的创意挂钩时我会十分兴奋。挂起来收纳，可以预防"随手放下后一直丢在那里不管"这样的事情。

我好像迷上了使用挂钩。请叫我挂钩狂热者～

我是挂钩狂热者。

金点子

牙刷或眼镜等都用挂钩痛快地挂起来

如果把东西直接放在洗漱台的话，打扫不方便之余还容易变得黏糊糊的。把这些容易随便乱放的小物件都用创意挂钩挂起来，台面变得干净整洁。

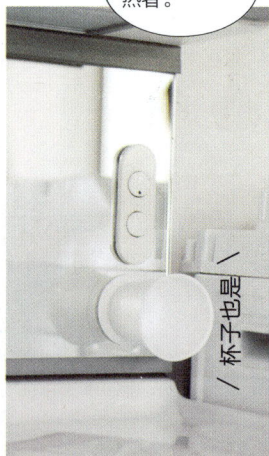

＼杯子也是＼

吸盘和杯子底的磁铁可以紧紧吸牢垂直悬挂的、来自三荣水栓的"磁铁水杯"。

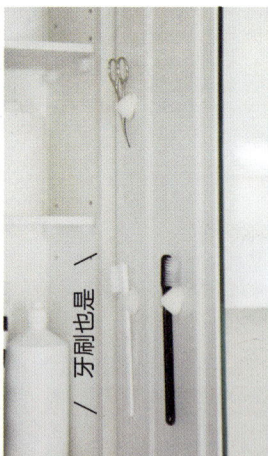

＼牙刷也是＼

来自百元店"CanDo"的、整理电线用的"电线夹子"用来挂牙刷刚刚好。

＼眼镜也是＼

来自百元店Seria的"PITAKKO"可以用来挂眼镜或者隐形眼镜盒子。家庭全员都可以使用。

对于不知道放哪里的清扫工具，悬挂式收纳解决这个烦恼！

利用大规格的"S"形挂钩钩着吸尘器和蒸汽拖把的把手，再挂在玄关衣帽间的横杠上，这样它们就不会倒下。扫帚也用"S"形挂钩挂起来。

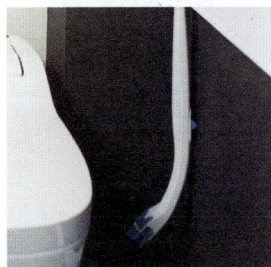

（上）冰箱侧面的磁铁挂钩放打扫用的喷壶。

（下）马桶刷也用"S"形钉子挂起来。

◎ **推荐这个！**

多备用不同规格的挂钩

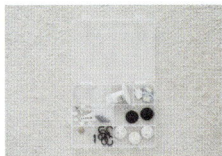

我在家里准备了透明挂钩、可以挂重物的三脚钉子、"S"形挂钩等不同大小的挂钩。通常我会选择不破坏装修风格的透明或者白色、黑色的简单款式。

**把帽子、包包等时尚
小物集中放在这里很
方便**

　　帽子是我很喜欢的时尚
单品。在墙壁上安装来自宜
家（IKEA）的白色挂钩轨
道，伞和爱犬的散步用品可
以挂在上面。

方案 15 ▼

外
出
用
品
不
带
进
屋
内
，
直
接
放
在
玄
关
处

　　我想要把玄关隔壁的衣帽间门后的空间也利用上，所
以安装上了梯型架 "Ladder Rack"，一种吊杆式收纳架）。
再配上可动式的挂钩就变成了可以收纳手提包的空间。

　　在玄关侧面有一个约半张榻榻米大小的衣帽
间。不光是鞋子，手提包、帽子、太阳眼镜等时
尚小物也集中放在了这个地方。我们可以在出门
前根据心情或者天气进行最后的搭配。

　　从外面回到家里也是，直接把外出用的物品
放在这里后就可以直接到起居室去了，不需要再
把这些小东西带进家里找地方放，十分方便。也
不会发生"先把包包放在地上吧"这样的事情，
我非常推荐。

我会根据生活方式的更新不断调整衣帽间的收纳。我放长靴的架子下面，现在刚好可以作为放婴儿车的地方。

这里是可以灵活适应不同生活方式的地方

小抽屉里放太阳眼镜和针织帽

宜家（IKEA）的可折叠式分格收纳盒里装的是太阳眼镜、手套和爱犬的玩具等外出用品。下层的衣物箱里放的是围巾。我还给小女儿的外出用品特定空出了一个位置。

遛狗散步是最好的心情转换活动

　　"稍微去散一下步吧~"，一有时间，我们家人就会一起外出散步。我们家的脚步都很轻快。

　　周末之类的闲暇日子，有时甚至会一整天都在散步。也就是白小姐的可以自由奔跑的日子。

　　在养育孩子的过程中感受到挫折、心情觉得沉重的时候，这样的日子是能让我的心情一下子变好的珍贵时间。

　　夏季到河边，冬季去玩雪，旅游也是和家人一起。边感受着季节的微风边说"已经秋天了呢~"，这样不经意的对话瞬间就让我感觉到了幸福的滋味。

因为懒散而需要
养成习惯的
日常家务

因为懒散而需要养成让打扫变得轻松的习惯

随手收拾不让污渍

灰尘堆积

◀ᆈ 养成习惯整体重新整理

◀ᆈ 果断依靠便利工具

懒散的我本来就不是很喜欢打扫卫生。而如果到处都脏兮兮就让人更加提不起劲来打扫。因此为了保持新家的整洁度，我开始养成了不让污渍和灰尘堆积的清洁习惯，分别起名为"厨房翻新"和"早晨清扫"。

如果每天把这样的随手清洁变成日常习惯，一旦哪天没完成我反而有点坐不住。为了能让丈夫在家舒舒服服的，我每天都很努力打扫。

方案 1 ▼

『厨房翻新』，十分钟便能搞定一天的污垢

1 水槽、洗菜蓝、水龙头也要用清洁剂整体清洁

洗完碗之后用带有洗洁精的海绵从水龙头开始，把水槽内、排水口的网、洗菜蓝、洗洁精瓶、装洗洁精的篮子全部都洗得亮晶晶的。

我们都知道污渍灰尘堆积得越久，打扫起来就越麻烦，因此每天的小清洁非常重要。睡觉之前我会用洗洁精把水槽到厨房料理台再到电磁炉灶的地方全部都清洗一次，这样的"厨房翻新"工作是我每天的课题。

剖鱼的时候到处飞溅的鱼鳞、鱼血等蛋白质类的污渍，炒菜的时候飞溅的油污，不让这些污渍堆积下来是这一步的关键。从起居室和餐厅可以完整地看到厨房的样子，因此我希望这里在任何时候都干净得发亮。

2 料理台和电磁炉灶
也要刷洗干净

清洗完水槽之后我会直接
来到厨房料理台和电磁炉灶这
边使劲刷洗。如果有普通海绵
无法去除的污渍的时候，我会
使用密胺海绵来清洁。

晚上来不及完成的话也
不要勉强，第二天早上
再来翻新厨房

3 用水冲掉或擦掉洗
洁精，厨房亮晶晶

水槽用水冲干净，料理台用抹
布擦干净，且为了避免留下水渍需
要擦两次。最后再用小苏打水（将
碳酸氢钠溶于水）擦一遍地板就大
功告成啦！

早晚两次的洗衣工作

让创意产品来帮忙

我们家是早上用洗衣机把全家人的衣服都洗干净，晚上再用洗衣机把丈夫上班穿的衣服洗干净。

为了能让早晚两次的洗衣工作更有效率，我借助了很多创意产品。在网上见到"洗衣袋"这种产品十分受欢迎。由于我不想使用洗衣篮，所以在网上尝试搜索"挂肩洗衣袋"时，发现了这个大受欢迎的便利工具。多亏了它，晾衣服变得轻松多了。

1 把洗干净的衣物放到洗衣袋里，拉出晾衣钢索

洗衣袋放在洗衣机隔壁的洗衣篮中，把它拿出来挂到肩上，再把洗干净的衣物直接放进去。然后走到有阳台的房间去，把晾衣服用的钢索拉到对面的墙壁上固定好。

兼具美观和实用的晾衣钢索

负重 10 公斤、最长可达 4 米的钢索。来自森田铝制工业的"室内晾衣钢索pid4M"。

2 从洗衣袋里拿出衣物 一口气晾完

从洗衣袋里把衣服拿出来，就不需要反复弯腰蹲下，不会对腰部造成压力之余还一下子就可以晾完，全是优点！全部晾起来之后连同晾衣架一起挂到阳台。下雨天的话就直接放在屋子里阴干。

使用洗衣袋超级省时！

在二楼洗的衣物在二楼晾起来，行动路线也很顺畅！

◎ 推荐这个！

比起洗衣篮来更方便的挂肩式洗衣袋

搬运衣物和取放都十分方便的合成纤维材质的挂肩式洗衣袋。来自横滨集团的"Ranran Laundry"。

可折叠式的晾衣架可以穿过T恤的领口后再往左右两边打开。两臂可以伸缩，因此肩部也不会形成褶皱，是不容易导致衣物变形的优质晾衣架。

\ 上衣直接和衣架一起晾 /

3 可以轻松取放的创意晾衣架

等衣物干了之后，把晾衣架整个从阳台拿回到室内的钢索上。这个晾衣架的夹子是单手用力一拉便能取下衣服的设计、衣架的两臂也是轻触便能合起来轻松取下上衣的。是不给我造成压力的同时让我快速完成家务的好伙伴。

4 干透的衣物要立即收好

我的上衣是一开始就是用"挂在衣柜里"的衣架晾起来的，因此干透之后可以立即就那样放到卧室的衣柜里。收下来的内衣等当场就折叠好放到浴室更衣室的衣物箱里。

> 不需要叠衣服，直接挂在衣架上就收起来，超方便！

◎ **推荐这个！**

偷懒万岁！单手就可以操作的晾衣架

一拉夹子就会松开一些、不会伤到衣服布料的"夹子不易纠缠的铝制晾衣架"，还有轻触一下就可以关上架臂从而取下衣服的"铝制可伸缩七连晾衣架"。两个都是来自"Twinmall"的产品。

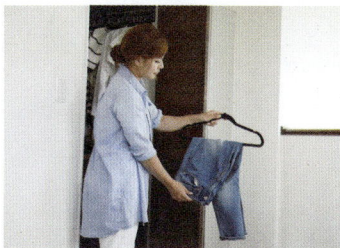

\ 裤子重新挂到衣架上 /

夹起来晾干的下装类衣物重新挂
到衣架上再收进衣柜。关键是不用叠
起来，挂上就直接收好。

\ 孩子爸爸的衣服要叠好再收起来 /

比起把衣物挂在衣架上，丈夫更喜欢
把他们收进衣物箱里。因此他的上衣下装
都会当场叠好再收起来。

5 直接挂着就能完成烦人的熨衣服工作

我并不擅长熨衣服的工作，因此
在不断找寻能让其变得轻松的方法，
最后让我找到了来自特福（"T-fal"）
的衣物熨斗"挂烫机"。虽然有一点
重，但是瑕不掩瑜，上衣、裙子等都
是挂着就能熨平整超方便！

◎ 推荐这个！

熨斗设备悬挂起来收纳

不知道放哪里的熨斗设备可
以用"S"形挂钩挂在衣柜里的
横杠上。基本上不怎么用得到的
熨衣板也挂在这里。

十分钟就可以保持整洁！

随手的『早晨清扫』

早晨需要和时间竞赛！
小心不要太兴奋~

生育孩子之后，我开始变得善于利用"零散的时间"。一旦开始照料孩子或做些别的事情，就会累得不想站起来，更不会再有"好吧，来打扫吧！"的心情。

因此要特别利用孩子心情还不错的早晨。在这个时间里可以"顺便擦一下马桶"、"顺手整理一下洗漱台"等，随手打扫一下经过的地方。就这么实践下来，我变得可以更高效地利用时间。

1　擦拭马桶座和地板

我早上起床的第一件事就是启动洗衣机，然后随手打扫二楼的卫生间。先在厕纸上喷点酒精，这样边擦干净马桶座和地板的同时还可以起到消毒的作用。完成后把厕纸扔进马桶里冲走。

2 给植物浇水和整理洗漱台

洗漱的时候我会顺便给植物浇水，然后用沾有浴室清洁剂的海绵清洁水槽和水龙头，接着用水冲干净后用毛巾擦干。一楼的卫生间也是按照"从马桶到洗漱台"的顺序来打扫。

3 用酒精擦冰箱、用小苏打水擦炉灶

走到厨房的路上可以给玄关的鲜花换水。如果厨房里有明显污渍的地方则擦干净：用酒精擦除冰箱上的指纹，用小苏打水（将碳酸氢钠溶于水）擦洗炉灶周围的油污。

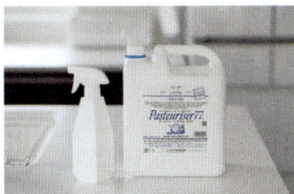

◎ **推荐这个！**

在卫生间和厨房都派上用场的酒精

卫生间和厨房的消毒工作少不了酒精这样东西。我喜欢用酒精度数77%的"巴士杀菌77"，倒入小喷瓶里用就更方便。

用扫帚和吸尘器来对付灰尘

方案4 ⏷

在意的污渍 依靠便利工具来轻松去除

爱犬有时会在一楼和二楼之间来回走动，那样就会在楼梯上留下毛发和灰尘。只要一看到我就会用扫帚把它们扫到一楼的地板上。

1 用扫帚扫落楼梯的灰尘

通过每天的"厨房翻新"和"早晨清扫"可以保持用水处的干净整洁，但除此以外，如果发现有别的弄脏的地方也要立刻打扫干净。因为孩子还很小，所以我希望打扫可以不要太麻烦太花时间，因此会尽可能依靠一些便利的打扫工具。

2 用两种吸尘器分别打扫不同的地板

把楼梯的灰尘扫落之后，就轮到扫地机器人出场了。我会每周用扫地机器人来打扫家里4至5次，机器人打扫不到的地方则会自己每周用吸尘器打扫2次左右。

用蒸汽拖把对付地板上黏糊糊的污渍

拖完后的地板滑溜溜～

周末的污渍就用蒸汽拖把打扫干净

　　我希望在周末优先和家人一起度过，所以周末是我不打扫的日子。喜欢赤脚走路的丈夫留下的足印、爱犬的口水都等到周一再一起打扫。我会在"早晨清扫"之后用来自鲨客（Shark）的"蒸汽拖把（基础版）"把地板拖得闪闪发光。这款蒸汽拖把还可以打扫地毯，除臭效果也很不错。

足印加上口水……弄脏家里的这三位

用密胺海绵清除玄关的黑点污渍

对付顽固的污渍可以先喷上小苏打或者清洁剂，等它稍微浮起来后再用密胺海绵擦除。

用密胺海绵去除地板的顽固污渍

刚进入玄关那里的瓷砖有点凹凸不平，是很容易堆积灰尘污迹的地方。对于用扫帚也扫不走的黑点，可以用湿水的密胺海绵轻松擦除。

不费力就可以轻松擦除

用高压蒸汽一口气收拾关入口处

我们在玄关入口处铺的是白色瓷砖，所以一旦有灰尘污迹就会很明显。天气好的时候，我会用来自凯驰（Krcher）的"高压清洗机（K2基础款）"，它的水压"噗嗤"一下就能将污迹打扫干净。

用一次性刷子清洁马桶座

早晨清扫时随手擦擦马桶座内

"早晨清扫"的基本工作是清洁马桶座和地板，但如果注意到马桶座内有污渍时，我就会用马桶刷用力地刷干净。自从遇到了非常适合懒惰的我的"可冲走式马桶刷"，不擅长的马桶清洁工作也稍微变得没有那么讨厌。

> 抱着"厕所是我们家的门面！"这样的心情去打扫

◎ 推荐这个！

刷子部分是一次性的马桶刷

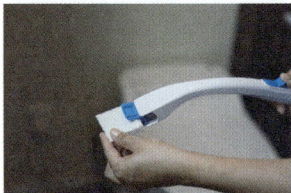

使用时先夹上含有清洁剂的无纺布刷头，用完后一触就可以丢弃刷头并直接在马桶里冲走。来自庄臣的"一次性马桶刷"。

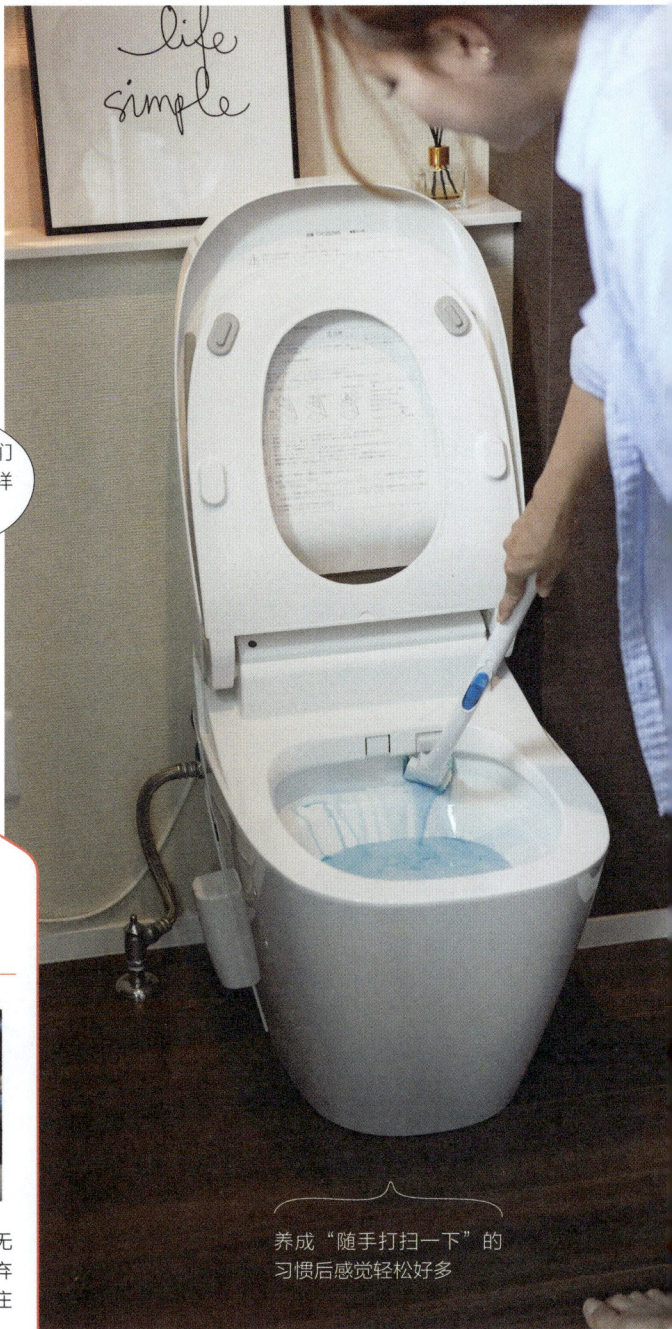

养成"随手打扫一下"的习惯后感觉轻松好多

只需要放任不管就能完成的懒人式小型大扫除

厨房的排水口

在意时只需要倒进去就可以避免大扫除

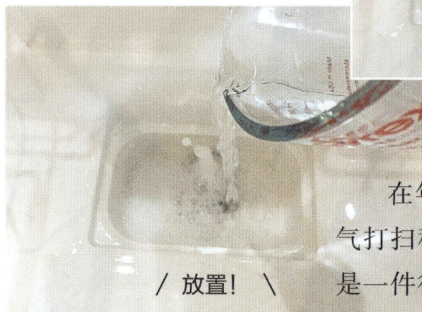

／ 放置！ ＼

在年末的大扫除要一口气打扫积累了这么久的污渍是一件很辛苦的事情。为了回避这种大扫除，懒惰的我会定期做的是——利用小苏打、柠檬酸或碳酸钠粉的发泡能力，去完成"只需要放任不管就能完成的泡泡清洁"。等待的时候还可以做别的事情，是非常简单和快速轻松的打扫方法。

浴缸的排水口

＼ 放置！ ／

排水口只需要倒入小苏打、柠檬酸和热水

将一大匙的柠檬酸溶于约300毫升的温水做成柠檬酸水。在厨房或浴室的排水口上洒满小苏打，再从上方浇入柠檬酸水就会发生化学反应，不断有小气泡冒出来。这种小气泡可以去除气味和滑腻的水渍！稍微放置一下就可以用水冲干净。

积满肥皂垢的浴室地板

\ 放置! /

在地板上撒上碳酸钠再加上热水后放置

我们的浴室地板是黑色的，所以肥皂垢会非常明显。在意的时候我会往地板撒上过氧碳酸钠粉（OxiClean），再一下子倒入60摄氏度左右的温水，发生反应后地面就会开始冒泡泡。在水不会灌到更衣室的前提下积水放置3小时左右。等到污渍浮起来就可以把水排干净。

给排水口的隔网套上塑料袋就可以堵住排水口进行积水

黑到发亮！干净到可以用脸蹭地上~（才没有人想要蹭噢）

排干净水后用刷子轻刷就可以刷到黑亮。浴缸盖子或海绵也放进来的话就可以一起清洗。

◎ 推荐这个!

适合凹凸不平地板的清洁刷子

即使是凹凸不平的地板或瓷砖缝也可以轻柔地清洁到的细腻刷子，也可以用于每天的浴缸清洁。来自"Tidy"的"Platawa地板清洁浴室刷"。

禁止乱放文件！『手上的东西要立刻分类』的整理秘诀

"不需要的东西"要立即丢弃

家里被弄乱的一个原因，就是在齐腰的柜子上"先暂时放一下"文件之类的东西。因此我们一开始就不在家里设置收纳架或边桌等"暂时放置点"，消除随便乱放的现象。每天收到的信函也不要放一边，要养成收到的时候就区分开"不需要的、暂时需要的、一直需要的"文件。

"不需要的东西"直接丢垃圾桶。当即分开"暂时需要"和"一直需要"的东西！

收到邮局的信件后要立即打开信封，不需要的东西就直接丢到垃圾桶里。自从实行这个方法后，我发现信封或简单的说明书之类的基本都会计入"不需要的东西"。

"暂时需要的东西"放在楼梯下"隐藏式收纳"

"一直需要的东西"归档入文件盒

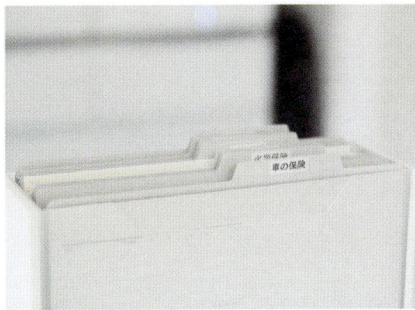

"育儿广场的日程表"等只需要在一定时期内保留的文件则用磁铁贴在楼梯下面。我有一点抗拒贴在冰箱上,这样的话太过于有生活气息了,所以很满意这个隐藏的地方。

保险的说明书、家人间重要的书信等需要长期保管的东西,则按照不同的内容归档放入文件盒里。然后收纳在起居室和餐厅之间的食品室里。

金点子

将报纸和杂志电子化,不要带进屋里!

鱼类的图鉴和小孩的绘本等真正需要的书籍会收进厨房料理台下面的抽屉里。有时一时兴起买的时尚杂志等就用手机拍下喜欢的文章电子化保存,然后马上把它们丢弃掉。

以前我也是随意乱扔东西的惯犯~嘿嘿♡

◎ 推荐这个!

有缴费日期限定要求的文件贴在玄关!

对于汽车税或固定资产税的交付单等有缴费截止日期的文件,可以贴在玄关的大门处。每次出门前都可以看到,这样就不会出现忘记缴费的事情。

方案7

只有一分钟也没关系，养成给自己『放松调整心情时间』的习惯

自从生了孩子，我需要花很多精力来照顾她，就常常没有办法像往常一样用很多时间来做家务。在手忙脚乱地度过每一天、终于迎来这一天的结束时，我都很珍惜"放松和自己面对面"的时间。我一般通过擦拭绿植的叶子、给鲜花换水来忘记焦虑和郁闷的情绪，哪怕这样的时间只有五分钟甚至一分钟。虽然看起来是一些不起眼的举动，却不知为何能够让我平静下来调整心情。养成这样的习惯后，我感觉更能鼓励自己"好啦，今天也要努力"！

举着女儿来练习肌肉的丈夫。他经常帮忙照顾孩子，家里的事情也主动分担了很多。所以我也打从心底希望能为丈夫做些什么。

超喜欢爸爸~♥

还可以锻炼肌肉，一举两得

打理鲜花或绿植的时候，
心情可以放松下来

马虎和懒散的我也可以做得到！有意识地去改变『生活习惯』

这就是马虎和懒散的我的日常生活，不知道有没有帮助到各位呢？

有时在博客里看到如"我正在参考这个做法"这样的留言，我会想"不不不，大家才是这方面的前辈呢"！不过由于我也经常会收到"请问那个是在哪里买的""请问你是怎么打扫的""那个收纳具体是怎么做的"之类希望我能具体解答的问题，所以哪怕只有一点点帮助，我也希望能详细地和大家介绍。

我是一个马虎又懒散的人，但我依然切实感受到靠着改变意识、生活习惯产生的巨大转变。而这样的生活习惯还正在"传染给家人"。

　　丈夫开始会帮我晾洗干净的衣物（虽然袜子还是裹在一起晾）、会帮我洗碗（虽然洗洁精的泡沫并没有洗干净），我对此一直都心怀感谢。

　　未来我希望能继续和家人一起打造一个可以放松舒适的家。

图书在版编目（CIP）数据

极简生活提案：我只想简单地生活／（日）由希子
著；陈靖文译 . -- 北京：中国纺织出版社有限公司，
2020.9

ISBN 978-7-5180-6771-8

Ⅰ.①极… Ⅱ.①由… ②陈… Ⅲ.①生活方式－通
俗读物 Ⅳ.① C913.3-49

中国版本图书馆 CIP 数据核字（2019）第 228383 号

原文书名：ほんとうに必要なものしか持たない暮らし＿Keep
Life Simple！

原作者名：yukiko
HONTONIHITSUYONAMONOSHIKAMOTANAIKURASHI ＿ KEEP
LIFE SIMPLE！

ⓒ yukiko 2017

First published in Japan in 2017 by KADOKAWA CORPORATION,
Tokyo. Simplified Chinese translation rights arranged with KADOKAWA
CORPORATION, Tokyo through Shinwon Agency Co., Seoul.

著作权合同登记号：图字：01-2019-7080

责任编辑：韩 婧　责任校对：王蕙莹　责任印制：王艳丽

中国纺织出版社有限公司出版发行
地址：北京市朝阳区百子湾东里 A407 号楼　邮政编码：100124
销售电话：010—67004422　传真：010—87155801
http://www.c-textilep.com
中国纺织出版社天猫旗舰店
官方微博 http://weibo.com/2119887771
北京华联印刷有限公司印刷　各地新华书店经销
2020 年 9 月第 1 版第 1 次印刷
开本：880×1230　1/32　印张：4
字数：60 千字　定价：49.80 元